グラムシ「未完の市民社会論」の探究

―『獄中ノート』と現代―

松田 博

はじめに

アントニオ・グラムシは１８９１年1月、イタリアのサルデーニア島に生まれた。リソルジメント（国家統一）運動による統一国家の成立から30年目の年であった。今年は生誕１３０周年であり、近年グラムシが遺した『獄中ノート』をはじめ全著作や手紙を収録したナショナル・エディション（国家版）が国家的事業として刊行開始され、またその一環として『獄中ノート』完全復刻版（G・フランチョーニ編、全18巻、2009）が先行出版され大きな関心が寄せられている。

グラムシは１９３７年4月、ファシズムの獄からの釈放直後に急逝したので、『獄中ノート』の全草稿公開には72年間という長期の年月を要した。『獄中ノート』グラムシ研究所校訂版（V・ジェルラターナ編、全4巻、1975）には主要な「ノート」が収録され、重要な意義を有したが、『ノート』復刻版の編者フランチョーニが指摘するように重要な欠陥（編集上の改変や「マルクス翻訳」パートの除外など）を含むものであることが復刻版の刊行によって明らかとなった。

『ノート』復刻版の公刊になぜ72年という長期間を要したのか？　そこには現代史の「闇」の部分も含む複雑な要因が介在している（その最も重要な要因の一つにソ連邦の解体、ソ連共産党の消滅がある）。この72年間にはスターリン問題（彼は１９５３年に没したがその否定的影響力は後年まで続いた）、トリアッテイが果たした複雑な役割、イタリア共産党とソ連共産党との確執やグラムシの妻ジュリアや二人の姉タチアナ、エウゲニアのシュフト家三姉妹によるグラムシの遺稿、遺品の保全、出版準備などのための献身的な取り組みなども「72年」には含まれており、近年グラムシの遺族や研究者による「72年間」の「闇」や「謎」の解明も含む研究が進められている。また研究史として重要な事項であるが、グラムシを「異端」として敵視する見解がその根拠の「理論的誤謬」が明白になった現在でも撤回されることなく、長期にわたって流布されていることも「闇」の深さを示していると考える。グラムシはこのような「異端審問」型思考を批判する重要な草稿を残している（第2章を参照されたい）。

この小著ではグラムシ思想の現代的意義の探究という視点から、グラムシの市民社会論に焦点を当てた。グラムシは『獄中ノート』において30編以上の市民社会論に関する草稿を遺している。『獄中ノート』（全29冊——翻訳ノートは除く）は「第10ノート」以降主題が明記された「特別ノート」およびその補足的「ノート」が執筆されるが、「市民社会論」についてはグラムシが重視したテーマであるにもかかわらず、単独の「市民社会論ノート」は執筆されなかった。またグラムシが重視した「ヘゲモニー論」についても同様で、単独の「ヘゲモニー論ノート」は執筆されなかった。「第10ノート（クローチェ論）」、「第11ノート（ブハーリン論）」、「第12ノート（知識人論）」、「第13ノート（マキァヴェッリ論）」などにはグラムシの市民社会論に関する重要な草稿が収録されている。それらの草稿は「第7ノート」冒頭における「マルクスへの回帰」（フランチョーニ）を示す「マルクス文献（ドイツ語版）の翻訳・研究」、同時期のスターリニズムの弊害を示す「社会ファシズム論」（1929年）に対するグラムシの批判およびスターリン派の政治囚からの迫害、スターリンによる「異端審問」的な異論の抑圧・迫害の跋扈（それは言論テロル・粛清としての「モスクワ裁判」に至る）などの深刻な事態の進行を背景に執筆されている。

一例をあげれば、グラムシは「第3ノート」に興味深い草稿を記している。「古いものは死につつあり、新しいものはまだ確かではない。その間の空白期には多くの病的な兆候が表れる」（草稿34B）。この草稿が執筆されたのは1930年末であり、グラムシがスターリン批判の見解の公表によって迫害を受けた直後のことである。「新しいものの生成」と期待されたロシア革命後の事態はスターリニズムの進行によって、批判派や異論派の追放、粛清などの「病的な兆候」つまり「新しいもの」とは正反対の兆候が顕著になりつつあった。また市民社会論に関する多面的な考察を示す草稿が継続的に執筆されるのも同時期である（第1章、第2章を参照されたい）。

『ノート』復刻版によって明らかにされた「マルクスへの回帰」とスターリニズム批判（俗流唯物論批判）草稿の接点に市民社会論関連草稿が位置することが明らかになったことによって、グラムシがこのテーマに込めた意味が明瞭になったと考える。『ノート』復刻版は、各「ノート」のみならず各重要草稿の執筆時期・執筆過程や「外部」情報との関連（グラムシは数種類の新聞、定期刊行物を購読していた）にも言及しており、一見断片的にみえる個別草稿に込めたグラムシの含意（メッセージ）や各草稿間の関連について有益な教示を受けたことを記しておきたい。また『ノート』の全ページには監獄の担当者の検閲印が押されており、日々の検閲の厳しさを示している。またイタリアの優れた歴史家A・レプレは著書のなかでグラムシが『ノート』執筆において「暗号化」やカモフラージュなど細心の注意を払っていたことをリアルに描いているが、グラムシの各草稿の「難解さ」や「謎めいた表現」にはこの「検閲との闘い」も無視できない要因といえる（レプレ、2000）。

この小著はグラムシの「未完の市民社会論」の実像を明らかにし、遺された課題を明らかにし、さらに現代的市民社会論の系譜にグラムシを位置づけたいという企図の下に論述した。読者諸氏の忌憚ない御意見、御批判をお願いしたい。

２０２１年10月29日　著者

凡例

『獄中ノート』グラムシ研究所校訂版（V・ジェルラターナ編、全4巻）、Quaderni del carcere, Edizione critica dell'Istituto Gramsci, A cura di V・Gerratana, Einaudi Editore, 1975. 同書より引用の場合はノート番号（Q）、草稿番号（§）、草稿種類（A・B・C）、ページ（p）と略記する。草稿種類Aは第1次執筆、Bは単次執筆（暫定稿）、CはAを推敲した第2次草稿（最終稿）であり、校訂版によってはじめてこの3種類の草稿が分類された。同書の邦訳は第1巻のみ大月書店から刊行された（翻訳委員会訳、1981）。

『獄中ノート』完全復刻版（G・フランチョーニ編、全18巻、2009）、Quaderni del carcere, Edizione anastatica dei manoscritti, A cura di G・Francioni, Biblioteca Treccani e L'Unione Sarda. 同版には草稿番号や草稿種類などは記されていないので、引用は校訂版にもとづく。同版の刊行主体はTreccaniであり、刊行開始されたEdizione Nazionale（国家版）も同社からである。同社は主として国家的事業としての出版を担当し、正式名称はIstituto della Enciclopedia Italiana（イタリア百科出版局）である。L'Unione Sarda は サルデーニアの新聞社であり、復刻版は両者の共同で実現した。

『グラムシ選集』（山崎功監修、全6巻、合同出版）から引用の場合は合と略記し巻数、ページ数を記す。

『グラムシ獄中からの手紙
8
『獄中からの手紙』Lettere dal carcere, Einaudi, 1965については『グラムシ獄中からの手紙
――愛よ知よ永遠なれ』（大久保昭男／坂井信義訳、大月書店、全4巻、1982）を『手紙』と略記し、巻数、
ページ数を記す。

グラムシ「未完の市民社会論」の探究 ——『獄中ノート』と現代—— ●目次

第1章　グラムシ「未完の市民社会論」

1　『獄中ノート』における市民社会論

我が国におけるグラムシ市民社会論に関する研究のなかで平田清明、山口定、吉田傑俊氏らの見解には鋭い問題提起が含まれており、またグラムシ研究と市民社会研究との接点の解明のためにも重要な著作と考える（第3章を参照されたい）。グラムシ研究サイドからの真摯な「応答」が求められていると考える。筆者はそのためにも『獄中ノート』の系統的分析が必要と考え、グラムシ研究所校訂版（ジェルラターナ編、1975）および完全復刻版（フランチョーニ編、2009）にもとづいて関連草稿を検討してきた。関連草稿は30編以上存在しており、グラムシがこのテーマを重視していたことが確認できる。しかしながら、主題別「特別ノート」としては完成されず「未完ノート」として遺された。この点では、やはりグラムシが重視したヘゲモニー論も同様に「未完ノート」である。つまり、グラムシ市民社会論には「未完」の部分が少なからず含まれている、ということである。

そこには過酷な獄中生活に起因する病状の悪化（33年12月、医療刑務所の代替施設であるナポリ近郊の病院に移送）、当局の妨害による文献入手の困難、さらに「スターリンの影」の重圧（「社会ファシズム論」はじめ広範な分野における「討論の自由」の抑圧、「異論」の封殺、排除など）などの要因が含まれる。グラムシ自身「二重三重の囚人」と述べているが、そこには「スターリンの影」が無視できない要因であったことを近年の研究は明らかにしている。

『ノート』には個別的テーマを主題とした「特別ノート」が存在し、グラムシの探究の一定の集約がなされたという意味で「特別」な「ノート」である。「第10ノート（クローチェ論）」、「第11ノート（ブハーリン論）」、「第12ノート（知識人論）」、「第13ノート（マキァヴェッリ論）」などがそれであるが、「市民社会論」を主題とする単一の「特別ノート」は存在しない。つまり、市民社会論は多様なテーマの歴史的・理論的探究との関連で論じられるテーマであり、後述するように各「特別ノート」解読のキーワードでもある（この点ではヘゲモニー論も同様である）。

グラムシの市民社会論の探究は１９３０年以降顕著となる。その要因の一つはスターリンの「社会ファシズム論」（１９２９年）に対する批判的見解を獄中で主張したため、スターリン派の政治犯から迫害を受けたことと関連している。「社会ファシズム論」とは社会民主主義勢力をファシズムの「社会的支柱」と断定するもので（カトリックも同様とされた）、グラムシは社会民主主義やカトリック、自由主義派を含む広範な反ファシズム勢力の結集による立憲主義的民主主義実現のための「憲法制定議会」を提唱したが、激しい反発を受けたためグラムシは討論を中止し、それ以降『ノート』執筆に集中した。主題別の「特別ノート」が執筆されるのはそれ以降のことである。余談ながら、グラムシ没後（１９３７年）、この憲法制定議会という課題は反ファシズム諸派の共通認識となりファシズム崩壊後、憲法制定議会（１９４６年）によって新憲法が制定された。また同時に政体決定国民投票が実施され、共和制支持が54％、王制支持が46％で共和制が勝利した。イタリアの王制は４人の国王、86年間の歴史とともに消滅したのである。

グラムシにとって「社会ファシズム」論はたんにスターリン個人の問題ではなく、その「教義」（俗流唯物論）の理論的誤謬、危険性に対する批判的考察に深化していく。彼は「科学的討論」に関する草稿で次のように述べている。グラムシの心情が珍しく直截に吐露された文章である。彼は「科学的討論」をあたかも「法廷の審理」と同列視するような思考を厳しく批判している。つまり、「被告と、その被告が有罪であり世間から隔離されるに値するということを公的義務として論証しなければならない検事とがいる裁判の審理のようなものと考えてはならない」、「科学的討論においては、関心は真理の探究と科学の進歩にあることが前提とされており…（中略）論争相手の立場と論拠をリアルに理解し評価することは、まさにイデオロギー（無分別なイデオロギー的狂信という悪い意味における）の牢獄から解放されていること、つまり科学的探究においてもっとも豊かなものを『批判的』観点から提起することである」と述べている（Q10§24B、p.1263)。「異端審問」的な異論に対する言論テロルとしての陰惨な「モスクワ裁判」（1936‐38年）を予告するような文章であるが、グラムシが「外部」から受け取る情報には「イデオロギー的狂信」にもとづく異端排除の深刻化も含まれていた。市民社会論だけではないが『ノート』における重要テーマの研究においては、「スターリンの影」の重圧（在モスクワの妻ジュリアや二人の息子のことも含めて）は無視できない点と考える。それだけに、草稿の検討には正確な執筆時期の確定が『ノート』解読にとって不可欠な要因であることを付言しておきたい。

その意味で「校訂版」の問題点を明らかにし、より正確な執筆時期を明らかにした「復刻版」の意義は大きい。『獄中ノート』研究における「校訂版」の意義は大きいが、同時にその問題点も決して小さくない。その一例が「第Ｉノート」冒頭の「マルクス文献翻訳パート」を除外したことである。「復刻版」編者のフランチョーニはこのパートを「マルクスへの回帰」を象徴するものとして重視している。後述するように、このパートはグラムシの市民社会論形成にとっても重要な意義を持っている。

2　グラムシ「市民社会論」の位相

グラムシ「市民社会論」と関連して言及されることの多いテーマは国家論、ヘゲモニー論、知識人論である。いずれも「未完」の部分とも関連するので簡潔に触れておきたい。

(1) 国家と市民社会

グラムシは国家論との関係について、義姉タチアーナ宛の手紙で次のように述べている。「国家は一般に政治社会（すなわち所与の時代の生産様式と経済に人民大衆を適応させるための独裁または強制装置）として理解されていて、政治社会と市民社会との均衡（教会、組合、学校等の、いわゆる民間組織を通じて国民社会全体に対して行使される一社会集団のヘゲモニー）としては理解されていません」（1931年9月7日、『手紙』③、p.27）。

また、同時期の草稿では次のように記している。「国家の一般概念のなかには、市民社会の概念に属する諸要素が含まれていることが見過ごされてはならない（国家＝政治社会プラス市民社会、すなわち強制の鎧を着けたヘゲモニーという意味で）」（Q6§88B、p.763）。

グラムシがこの手紙を書いたのは、スターリンの「社会ファシズム論」についての情報を兄ジェンナーロから知らされ（30年6月）、それに対する批判的見解を獄中討論で明らかにし、そのためスターリンを盲信する他の政治囚から迫害を受け、孤立させられた後のことである。グラムシは「社会ファシズム論」の根底に国家を暴力装置に一面化し、したがって国家変革を「国家の破砕」と同一視するスターリン見解に強い批判を抱いていた。この手紙および草稿ともにグラムシの問題意識が明確であるが、スターリン見解が理論的にも実践的にもきわめて危険であるという思いを吐露したものといえる。

義姉タチアナはグラムシの親友スラッファやモスクワのトリアッティの連絡役でもあり、グラムシは自己の見解を手紙で伝えようとしたといえよう。この点では若干のニュアンスの差はあれ国家を暴力装置に一面化する見解はスターリンのみならずブハーリン、トロツキーにも共通していた（ただし知的水準は大きく異なる）。スターリンは革命の要点を「古い国家機関を破壊して、これを新しい国家機関に置き換えること」と単純化した（スターリン、1952, p.18）。トロツキーも「永続革命論」について、革命過程において「あれこれの過渡的権力をともなった様々な段階があるが、「これらの過渡的形態はエピソード的性格のものでしかない」として過渡的段階の独自の意義を否定し、「最小限綱領と最大限綱領の仕切りを破壊すること」が永続革命的「成長転化の定式」であると強調している（トロツキー、2008, p.364, p.419）。

『ノート』において、グラムシは二重の意味で「国家概念の刷新」を図ろうとしたことが一連の草稿から読み取ることができる。その第1は、ヘゲモニー概念の刷新と連動しつつ、国家を強制的・暴力的支配機構に一面化せず、ヘゲモニー機構との複合体として把握した点である。「国家とは指導階級がそれによって自己の支配を正当化し維持するのみならず、被統治者から能動的同意を獲得することを可能にする実践的および理論的活動の総体」という言明に集約されている（Q15Ⅱ§10B、p.1765）。第2には、国家概念の刷新は「政治社会の市民社会への再吸収」を理論的に可能にする。つまり「国家死滅論」を超えて「国家―強制の要素は、自己規律的社会

Società regolata（あるいは倫理的国家ないし市民社会）の要素が顕著になっていくにつれて、ますます衰退していくという」という国家観である。「政治社会プラス市民社会」としての国家は、国家論におけるヘゲモニー（装置）の決定的意義とともに、「政治社会の市民社会への再吸収」および「未来社会＝新しい市民社会・倫理国家」としての「自己規律的社会（自己統治的社会）」へと展開する。「再吸収論」と「新しい市民社会」の節合は、たんなる「未来社会」の展望だけではなくではなく、「国家（政治社会）と市民社会」の支配と統合をめぐる熾烈なヘゲモニー闘争における市民社会の自己統治的ヘゲモニーの発展、国家のヘゲモニー装置の縮小と市民社会のヘゲモニー装置の拡張の問題でもある。

(2) ヘゲモニーと市民社会

グラムシは市民社会が多様なアソシエーションの実践の場であり、またヘゲモニーの創出、伝達、普及、修復の場として各レヴェルの知識人の実践の場であることを多様な草稿で言及している（第5章を参照されたい）。その意味でヘゲモニー─市民社会─知識人の関係は『ノート』における基軸的テーマの一つである。ヘゲモニー論の刷新と連動して市民社会論、知識人論も刷新される。知識人論に関しては後述するように『知識人論ノート（Q12）』において一定の集約がなされるが、ヘゲモニー論は「第1ノート（Q1）」から「第19ノート（Q19）」──リソルジメント論ノート」への展開のなかで大きく刷新される。

Ｑ１においてはヘゲモニーは「政治的指導能力」と等置されている。つまり「『政治的ヘゲモニー』は政権到達以前にもあり得るし、またなければならず、政治的な指導またはヘゲモニーを行使するには、権力と権力が与える物質的な力だけをあてにしてはならない」（Ｑ１§44Ａ、p.41）。Ｑ19においては「ある社会集団の優位性は２つの形態、つまり『支配』と『知的道徳的指導』として具現される。…権力に到達する以前においても、ヘゲモニーをめざす活動はあり得るし、またなくてはならない。さらに有効な指導をおこなうには権力がもたらす物質的な力のみに依拠してはならないということである」（Ｑ19§24Ｃ、pp.2010-11）。両草稿の対比から明らかなように、グラムシは後者において重要な変更をおこなっている。

つまり、前者では「政治的なヘゲモニー」ないし「政治的な指導またはヘゲモニー」と記されていたが、後者では「政治的」が削除され「知的道徳的指導」に変更され、さらに「政治的指導」が削除され「ヘゲモニー」と記されている。前者における「ヘゲモニー」の核心は「政治的指導」であるが、後者では「政治的指導」をも包摂する「知的道徳的指導」に刷新されている。このヘゲモニー論の刷新は市民社会論にも連動する。つまり「知的道徳的改革」の次元と市民社会の圏域（知識人の活動やアソシエーションの場）との節合である。

グラムシのヘゲモニー論に注目し、その理論的発展を追求してきたＣ・ムフの見解、とくに「等価性の連鎖」についての提言はグラムシ市民社会論の深化にとっても重要と考える。というのは「市民社会」はヘゲモニー闘争の場であり、多様な組織・結社（アソシエーション）が参画する領域であり、アソシエーション間における「等価性の連鎖」の現実化が不可欠であるからである。ムフは、階級的主体に還元されえない多様な社会的主体（ジェンダー、マイノリティー、エコロジーなど）が「等価性の連鎖」によって節合される「根源的で複数主義的なデモクラシー」の追求がヘゲモニー構築の中核的テーマであることを強調している。換言すれば「等価性の連鎖」こそ市民社会とヘゲモニーの節合点である（第8章を参照されたい）。

(3) 知識人と市民社会

グラムシはあるA草稿で「知識人の任務は、文化革命を引き起こし、組織することである」と述べているが（Q8§172A、p.1044）、C草稿では「文化革命」が「知的道徳的改革」に変更されていることからもあきらかなように（Q11§16C、p.1407）、市民社会における知識人の重要な役割が「知的道徳的改革」、つまり文化的ヘゲモニー闘争にあることを強調した。知識人はヘゲモニー創出、普及、教育、修復の「担い手」（知識人の各レベルによる）であり、ヘゲモニー関係における「ヘゲモニー装置の要員」つまり「有機的知識人」としての役割を有することが明確化されたのである。

グラムシは「第1ノート」の草稿Aでは、「一つの独立した知識人階級が存在するのではなくて、それぞれの階級が自己の知識人をもつ」と述べ、知識人の階級帰属性（階級還元論）を支持していたが（Q1§44A、p.42）、ヘゲモニー論の探究のなかで「知識人は自律的かつ独立的な社会集団であるのか、あるいは各々の社会集団が固有の専門化された知識人層を有しているのか？　これまでの様々な知識人層の現実的歴史的形成過程が多様な形態をとってきただけに、この問題は複雑である」として、初期の見解を変更している（Q12§1C、p.1513）。つまり知識人の機械的階級帰属論を変更し、市民社会の多様なヘゲモニー関係・装置と「有機的」な関係を取り結ぶ知識人論へと「拡張」したのである。階級論との関係からヘゲモニー関係における知識人論へと知識人の位置づけが変化し、このことによってヘゲモニー・市民社会・知識人の相互関係が明確になったといえよう。

ここでは、前述の問題意識と深く関連する「ジャーナリズム（Q24）」の意義について述べておきたい。彼は同ノートにおいて「市民社会―知識人―ジャーナリズム」に関する興味深い考察を行っている。彼自身の社会的活動の出発点がジャーナリストであったこともあって、このテーマは初期草稿から考察対象となっている。

彼は「第3ノート」の草稿で次のように述べている。「支配階級のイデオロギー構造」の分析において「最も注目すべきダイナミックな部分は（新聞、雑誌などの）出版分野全般である」が、同時に「直接的であれ、間接的であれ、世論に影響を与えたりまた与えうるものが、このイデオロギー構造に含まれる。つまり図書館、学校、様々なタイプのサークルやクラブ、さらに建物や道路の配置およびそれらの名称に至るまでが含まれるのである」と強調している。というのは、それが「社会的活動勢力の詳細で正確な評価」にかかわるものであり、さらには「支配階級の驚嘆すべき塹壕と要塞の総体に対して革新的勢力はどのように対抗しうるか」という課題でもあるからである（Q3§49B、p.333）。「ノート24」の表題は「ジャーナリズム」であり、9編の草稿が収録されている。

グラムシは次のように述べている。「現在のジャーナリズムや出版活動のあらゆる形態を検討してみると、それらが他の勢力との融合あるいは（組織的な）協調を前提としている」（Q24§1C、p.2259）。つまり、「支配的イデオロギー構造」や「ヘゲモニー装置」からの自立性の獲得という課題は、たんにジャーナリズム自身の課題というだけでなく、対抗勢力のこの分野での陣地戦の展開能力という課題でもあることを重視している。彼は「総合的ジャーナリズム」とは「読者の諸要求を満足させるだけでなく、読者の要求を創造しかつ発展させることを目指し、したがってある意味で読者を啓発し、次第に拡大していこうとするジャーナリズム」であると強調している。換言すれば、読者（民衆）の知的改革、すなわち文化的・思想的受動性から能動性への意識変革、民衆の宿命論的権威主義に支えられた「受動的革命」からの脱却を「啓発」するようなジャーナリズムにほかならない。

その意味で、佐藤卓己氏の「ジャーナリズムの冷笑主義（シニシズム）」批判は説得力がある。彼はジャーナリズムが「本来あるべき『政策的報道』に対して…（中略）競馬中継的あるいは陰謀論的」な報道、つまり「戦略的報道」に偏重することによって「政治に対する冷笑主義」が増殖し、それが政治的無関心や社会不信、人間不信を増大させる点を鋭く指摘している（佐藤、2006）。現代ほど「冷笑主義」やグラムシが批判した「単性生殖」的思考に陥らずに、多様な見解のポリフォニックな対話が求められている時代はないといえよう。その意味で「精神のない専門人、心情のない享楽人」（ヴェーバー）ではない「市民社会の陣地戦」を活性化させる市民像（有機的知識人）の重要性は、グラムシの時代以上にその重要性を増しているといえよう。グラムシの「ジャーナリズム論（Q24）」も「未完ノート」として遺されたが、市民社会論や知識人論と陣地戦論を節合するテーマの一つであることは明らかと考える。

3 「未完の市民社会論」

(1) アソシエーションと市民社会

グラムシのアソシエーション論の意義についての先駆的問題提起は、『ノート』独語版編者のV・F・ハウクであった。彼の問題提起は以下の諸点であった。

①グラムシのアソシエーション論は「社会の私的（民間）諸組織の総体」としての市民社会の圏域に属し、「一定の社会集団の社会全体にたいする政治的・文化的ヘゲモニー」の場としての市民社会に位置づけられる。

②国家論との関係では、ヘゲモニーの「私的な」機構あるいは市民社会の構成部分である。

③アソシエーション論とサバルタン論の相互関係の視点が重要であり、前者を看過したサバルタン論、後者を看過したアソシエーション論は理論的欠陥を内包する。

④ハウクはグラムシの初期草稿（Q3§90A、p.372）に注目している。つまり、サバルタン集団の歴史は「『市民社会』の歴史に組み込まれており、市民社会の断片的な分派なのである」であるという個所である。この個所は「サバルタン・ノート」の草稿5Cでは次のように加筆されている。「従属的諸階級の歴史は市民社会の歴史と交錯しており、市民社会の歴史の、また市民社会を媒介とする国家と国家群の歴史の『断片的』で非系統的な一変数に過ぎないのである」（§5C、p.2288）。

⑤ハウクがもっとも重視するのが次の草稿である。「目的達成のため不可欠な内部的結束と等質性を考量して、アソシエーション自体がその構成員各自にたいして要請する一定の倫理的諸原則によって支えられるのではなければ、そのようなアソシエーションは持続的かつ発展的能力をもって存在することは不可能である」（Q6§79B、p.750）。執筆時期（1931年初期）を考えれば、前述の「科学的討論」同様の「外部」の深刻な状況への深い危惧を行間に込めた草稿といえよう（松田、2003, pp.246-248）。

「アソシエーションと市民社会」のテーマを今日再考するとき、筆者はハウクの先駆的問題提起をふまえて深化させるとともに（彼の分析は初期草稿のみであり、後期の草稿は検討されていない）、田畑稔（2015）や大谷禎之介（2011, 2017）によるマルクスのアソシエーションに関する鋭利な研究を踏まえてグラムシのアソシエーション論についての再検討の必要性を痛感している。このテーマは、グラムシの「政治社会の市民社会への再吸収」や「自己規律的社会・自己統治的社会」論（「倫理的国家」や「新しい市民社会」）にも関連しており、その意味でも「アソシエーションと市民社会」問題は「未完の市民社会」論の深化にとって重要な論点と考える。

さらにイタリア社会運動史においてアソシエーション論は次の3点において注目されている。その第1は、19世紀末からの労働時間短縮の実現（10時間労働制）による労働者の自由時間（余暇）の活用つまり労働力の再生産のための精神的・肉体的健康の保全のみならず知的文化的発達のためのアソシエーションの発展である（「人民大学」や「人民の家」など）。第2は、協同組合的アソシエーションである。当初は失業者救済のための生産協同組合や互助組織としての共済組合などであったが、将来社会の構想の一環として「協同組合社会主義」の潮流が発展した。第3には、普通選挙権の実現による19世紀末からの「左翼自治体」の誕生である。アソシエーションと自治体（コムーネ）の結合によって「コムーネ（自治体）社会主義」の潮流が発展した（松田、2003、第7章を参照されたい）。

(2)「ホモ・エコノミクス」と市民社会

グラムシは「ホモ・エコノミクス」に関する草稿のなかで次のように述べている。つまりそれは「特定の社会形態の経済活動、つまり特定の経済活動の抽象化されたものである。いかなる社会形態も、自らの『ホモ・エコノミクス』、つまり自己の経済活動をもっている」。「経済構造と立法権力、強制力をそなえた国家とのあいだには市民社会が存在している。この市民社会が、学者の著作や法律上だけでなく、具体的かつ根本的に変わらねばならないのである」（Q10Ⅱ§15B、p.1253）。つまり、「経済構造に生じた変化の担い手が、国家を指導するということが肝心なのである」。グラムシの論旨は明確である。すなわち「歴史的概念」としての「ホモ・エコノミクス」は同時に「政治的概念」でもあるという点である。

「変化の担い手」がいかにして「国家の指導的主体」として自己形成していくか、それはサバルタン集団のヘゲモニー集団への転化の問題である。資本主義的ヘゲモニーが「生理的習慣や、趣味および有用性に対する満足などの心理的尺度までも変化させ、かくしてそれは基本的な経済的与件つまり経済学の対象ではなくなり、『上部構造』として表われる」のであり（Q10Ⅱ§32B、p.1276）、したがって、市民社会における「ホモ・エコノミクス」をめぐるヘゲモニー闘争の重要性が増大する。その方向性とは、「ホモ・ファーベルとホモ・サピエンス」の融合である。「あらゆる知的活動を除外しうるような人間活動は存在しないし、ホモ・ファーベルをホモ・サピエンスから切り離すことはできない」からである（Q12§3C、p.1550）。

グラムシにとって「ホモ・ファーベル（工作人）」はたんなる「肉体労働者」ではなく、「ホモ・サピエンス」もまたたんなる「頭脳労働者」ではない。このような「機械的二分割論」ではなく、すべての人に「一定の発達水準で存在している知的活動を批判的に発展させる」こと、つまり「労働」内における知的要素の向上のみならず、その外部においても「世界観の変革」や「新しい思考様式の創出」が「ホモ・ファーベルとホモ・サピエンス」の融合の内実であり、市民社会におけるヘゲモニーの主体としての自己形成にほかならない。その意味で「政治的概念」としての「ホモ・エコノミクス」とは「ホモ・ファーベルとホモ・サピエンス」の融合にほかならないといえよう（松田、2011, を参照されたい）。

グラムシも参照しているが、M・ヴェーバーは資本主義という「強力な経済秩序が」が「圧倒的な力」をもって、その機構の中に入り込んでくる一切の諸個人の生活スタイルを決定する」とし、このような強力な「鋼鉄の檻」としての資本主義的ヘゲモニーのもとでは、職業労働の意味を、たとえそれが「経済的強制」であっても「だれも詮索しない」のが常態となっていくと述べている。さらには「営利の最も自由な地域であるアメリカ合衆国では、営利活動は宗教的・倫理的な意味を取り去られていて、今では純粋な競争の感情に結びつく傾向があり、その結果スポーツの性格をおびることとさえ稀ではない」。このような資本主義的ヘゲモニーのもとでは「精神のない専門人、心情のない享楽人、この無のもの（ニヒツ）は、人間性のかつて達したことのない段階にまですでに登りつめた、と自惚れるだろう」と痛烈に批判している（ヴェーバー、1989, p.366）。前述のグラムシの言葉をふまえれば、「魂をもった専門人」とともに「心情豊かな享楽人」の形成こそ「市民社会」における「ホモ・エコノミクス」的な「鋼鉄の檻」に対抗しうる市民像であり、「営利的精神から自由な魂と豊かな心情をそなえた」市民像にほかならないといえよう。

⑶ ジェンダーと市民社会

グラムシは「第1ノート」で次のように述べている。「もっとも重要な問題は、女性の人格の保護である。女性が真に男性にたいする自立に到達しない限り、性の問題は病的な性格をたっぷり帯びるであろう」（Q 1§62 A、p.74）。「第22ノート（「アメリカニズムとフォーディズム」）」では、次のように加筆している。「性にかかわる問題と関連するもっとも重要な市民的――倫理的問題は、女性としての新たな人格形成の問題である。女性が男性にたいする実際の自立性だけでなく自分自身と性的関係における自分の役割についての新しい考え方に到達するまでは、性にかかわる問題は依然として病的な性格に満ちたまま」であると指摘し、この問題は「新しい倫理の創出」にかかわると強調している。つまり、「アメリカの商標のつかない『独創的な』生活様式」の創出、換言すれば「フォーディズム」の克服と密接に関連しているということである（Q22§3、pp.2149-2150. グラムシ、2006, p43）。

Q22の執筆は1934年、つまりナポリ近郊の医院への転院以降のことであり、このテーマも「未完」のまま終わったが、市民社会論との関係では現代のジェンダー問題にも通じる視点が含まれている。つまりこのテーマは単一争点だけではなく、市民社会の問題群の一環であり、さらに政治社会・国家の問題としても重要な意味をもつからである。これまでのグラムシ市民社会論研究においてはこのジェンダー問題やさらにはサバルタン問題の位置づけが不鮮明であったと考える。ジェンダー問題には市民社会・政治社会のへゲモニー関係が反映しているだけに、へゲモニー論の視点で掘り下げる必要があると考える（第4章を参照されたい）。

余談ながら、世界経済フォーラムによると「ジェンダーギャップ」のランキングで日本は153か国中121位であった。このことは朝日新聞の「ジェンダー平等宣言」に関する記事（2020年4月2日）に紹介されているが、世論形成の有力な媒体である新聞においてもこの認識の遅れは深刻といわざるをえない。筆者は、前田健太郎氏の『女性のいない民主主義』（2019）を興味深く読んだが、彼は「争点としてのジェンダーからジェンダーの視点へ」を主張している。グラムシ市民社会論の探究においても、ジェンダーを「争点から視点へ」位置づけるという示唆を同書から受けたことを記しておきたい。これまでのグラムシ市民社会論研究におけるジェンダー視点の意義についての認識は希薄であった。しかしながら「ジェンダーの視点」はへゲモニー論においても、市民社会論においても今後より重視されるべき課題と考える。

(4) サバルタンと市民社会

グラムシの『ノート25（Q25）―サバルタン・ノート』には「サバルタン（従属的社会集団）と市民社会」との関係についてグラムシが強い関心をもっていたことを示す草稿が含まれている。しかしながら「ノート25」には8編の草稿しか収録されておらず、「特別ノート」（主題別ノート）

としての完成度は高いとはいえない。「未完のサバルタン論」と「未完の市民社会論」との交差領域の解明が求められるテーマであるが、グラムシの市民社会論の深化にとっては不可欠のテーマと考える。以下関連草稿の要点を記しておきたい。

①「サバルタン諸階級の歴史は、市民社会の歴史と交錯しており、市民社会の歴史の、また市民社会を媒介とする国家と国家群の歴史の『断片的』で非連続的な一関数なのである」（Q25§5、p.2288）。ここでは「市民社会」における支配的集団にたいするサバルタンの従属性の克服、自律性の確立過程の諸段階が問われている。つまり「市民社会」における支配―従属関係（ヘゲモニー関係）の視点である。またこの自立性は他の従属的集団にたいする「融和」との両立（排他性の克服）も求められる。「市民社会」とはこのような「支配と従属」をめぐるヘゲモニー関係・闘争の場である。グラムシは「従属性」打破の起点としての「分裂の精神」、「反逆の熱情」（ソレル）に注目している。「従属性の克服・自立性の獲得」は短絡的・直線的なものではなく、サバルタンの「知的道徳的改革」という主体形成の課題である。

②市民社会におけるサバルタンと知識人との有機的関係の構築はいかにして可能か?という点もグラムシにとって不可欠の問題であった。それは「ノート25」と「ノート12（知識人論ノート）」との相互関係の問題であるが、グラムシはとくに知識人はサバルタンの「声」を「代弁・代表」することができるのか? という点を重視している。彼は次のように述べている。「知識人と民

衆―国民との、指導者と被指導者、統治者と被統治者との関係は、感情―情熱が理解となり、それゆえに知となるような有機的結合によって生まれる場合にのみ、その関係は代表の関係であり、統治者と被統治者、指導者と被指導者とのあいだに個々の分子的交流が生じる。つまり社会的力としての総合的活力が現実化され『歴史的ブロック』が創造されるのである」(Q11 §67C、p.1505)。

③ 市民社会におけるサバルタン集団の自立性の問題は、知識人との関係だけでなく集団間関係の問題も含んでいる。というのは、集団間における排他性の問題が複数主義的な「自立と協同」の発展にとって障害となるからである。この点で示唆的なのは、グラムシ的ヘゲモニー論の現代的発展の一環としてのC・ムフの「等価性の連鎖」である。彼女は、分断された「人民」諸階層(労働者、移民、中間層、LGBTなど)の民主的諸要求のあいだに「等価性の連鎖」を確立することが少数者支配に対抗するための不可欠のモメントであることを強調している(ムフ、2019, p14)。ムフにとって「等価性の連鎖」と「闘技性の回復」は「自立と連帯」のための必要条件であるが、彼女は繰り返し「労働者階級の諸要求を犠牲にして、新しい運動の諸要求を特権化しているのではない」という点を強調している。つまり前者の要求を新しい運動の要求に「節合」することが「等価性の連鎖」に基づく「根源的で複数主義的なデモクラシー」にとって不可欠な契機となるという点である。「多様な社会的行為者とその闘争の複数性」という視点は、特定の「特権的行為者」のアプリオリな想定とは共存できず、むしろそれは「等価性の

連鎖」にとっての弊害となる。つまり等価性抜きの複数性はありえないことは明白である。市民社会における多様な社会的行為者の「自立と協同」のためには、「等価性の連鎖」は必要不可欠な契機である。換言すれば、市民社会におけるヘゲモニー形成にとって「等価性の連鎖」はその核心といってよいであろう（第9章を参照されたい）。

(5) 市民社会論と「マルクスへの回帰」

グラムシ市民社会論とマルクスとの関連という視点から「国家の市民社会への再吸収」と自己統治的社会としての「ソチエタ・レゴラータ（自己規律的社会）」の節合について述べておきたい。マルクスは『ゴータ綱領批判』において「自由とは国家を社会の上位機関から完全に社会に従属した機関に転化すること」と述べ（マルクス、2000, p.42）、また『フランスにおける内乱』においても「コミューン——それは国家権力が、社会を支配し圧服する力としてではなく、社会自身の生きた力として、社会によって、人民大衆によって再吸収されたもの」（第1草稿）と述べている（マルクス、1970, p.144）。

グラムシが「マルクスへの回帰」において重視したのが『フォイエルバッハ・テーゼ』（以下『テーゼ』と略）と『経済学批判・序言』（以下『序言』と略）である。前者の「第10テーゼ」の独語からイタリア語への翻訳においては「古い唯物論の立場」と「新しい唯物論の立場」との対比において「ブルジョア社会（la societá borghese）」と「市民社会（la societá civile）」を区別し（独語ではいずれも bürgerliche Gesellschaft)、以下のように訳している。

古い唯物論の立場はブルジョア社会(la societá borghese)であり、新しい唯物論の立場は人間的社会(la societá umana)もしくは社会的人類(lumanita socializzata)である(Edizione nazionale, Quaderni di traduzione, vol.1, 2017, p.745)。

グラムシはこの「人間的社会・社会的人類」、つまり「新しい市民社会」の探究を、「新しい唯物論」の課題として重視した。さらにグラムシは『序言』における「経済的社会構成体」の歴史的諸形態、とくに「社会的生産過程の最後の敵対的形態」である「近代ブルジョア的生産様式」の止揚と「人間的社会・社会的人類」という人類史的展望形成の課題を節合して考察した。ある社会構成体は「すべての生産諸力がその中ではもう発展の余地がないほどに発展しきらないうちは、決して没落することはなく、また新しいさらに高度の生産諸関係は、その物質的な存在条件が古い社会の胎内で孵化しきらないうちは、決して古いものにとって代わることはない」という観点は、グラムシにとって「社会構成体論」と「社会革命論」を節合する理論的支点となった(『経済学批判の序言・序説』、2001, pp.11-19)。すなわち前者は、社会構成体の内在的継起的移行の起点となるからである。

グラムシは「永続革命」論の絶対化は、この内在的移行の論理を軽視ないし無視し、旧社会構成体の直接的破壊、断絶にもとづき「旧社会の廃墟の上に」新社会を「建設」するという非歴史的認識とみなした。この社会構成体の「断絶と飛躍」という認識を、グラムシは「建設なき破壊」とも呼んでいるが、彼が『序言』から示唆されたのは、社会構成体の内在的移行と質的変革つまり旧社会の胎内にある積極的要素の「継承と質的再編」の視点であった。

したがって、社会構成体の歴史的移行を前提とした「社会革命」論の理論的探究が、グラムシにとってマルクス『序言』をふまえた新たな探求課題となるのである。またそれは、社会革命と政治革命（国家の破砕ではなく変革）および社会革命と文化革命の関連性の問題として位置付けられる。マルクスは「社会革命の時期」における諸変革の考察にとって、経済的な生産諸条件という物質的な変革と「人間がこの衝突を意識するようになり、これと闘って決着をつける場となる法律、政治、経済、宗教、または哲学の諸形態、簡単にいえばイデオロギー諸形態とをつねに区別しなければならない」と述べている（マルクス、2001, p.15）。グラムシはマルクスの視点を重視し、次のように述べている。

『序言』に含まれている、人間はイデオロギーを地盤として構造の矛盾を意識するという命題は、認識論的価値を持った主張とみなされるべきであって、たんなる心理的および道徳的なものとみなされてはならない。このことからヘゲモニーの理論的実践的原理（principio）もまた認識論的意味を持っているということができる（Q10Ⅱ§12C、p.1249）。

人間がその社会的位置やその責務についての自覚を上部構造の領域で獲得するとすれば、それは構造と上部構造との間に必然的で不可欠な関連性が存在することを意味する（Q10Ⅱ41C、p.1321）。

したがってグラムシにおける市民社会とは、イデオロギー的政治的上部構造（法律、政治、宗教、哲学を含む）の構成部分であり、ブルジョア社会の胎内で成長し、将来社会＝新しい市民社会に継承される多様なアソシエーションを含む社会を意味するのである。私はマルクス研究においてアソシエーションの意義を鮮明化させた田畑稔（2015）、大谷禎之介（2011, 2017）の著作から多くを学んだが、ここでは大谷の適確な要約に触れておきたい。大谷は次の4点を指摘している。①「資本主義はアソシエーションを孕んでいる」、②「資本自身が、自己を否定する諸形態を生み出し、成長させる」、③「アソシエーションの生み落としを促迫するには資本の矛盾である」、④「アソシエーションを形成するのは労働する諸個人の実践的行動である」（大谷、2017, pp.51-61）。

グラムシにとって市民社会は多様なアソシエーションの諸実践の場であり、したがって政治的、社会的、文化的ヘゲモニー闘争の場にほかならない。「マルクスへの回帰」以降、市民社会、アソシエーション、ヘゲモニー関係に関する草稿が増加していくが、その起点としてマルクス『テーゼ』、『序言』が大きな役割を果たしていることは明らかといえよう。「俗流唯物論」批判の深化および「マルクスへの回帰」を契機に市民社会論に関する多様な草稿が持続的に執筆されていくことを確認できるが、これも『ノート』復刻版の意義といえよう。またそれと関連するのが「陣地戦」の理論的、歴史的検討を示す一連の草稿も同時期の各「ノート」に記されるのである（第6章を参照されたい）。

第2章　グラムシ研究の争点
――「市民社会論」を中心に

前章では、スターリン批判を含む俗流唯物論批判の深化および「第7ノート」冒頭でのマルクス文献研究における「マルクスへの回帰」（フランチョーニ）を起点として、グラムシ市民社会論の歴史的・理論的探究の比重が高まり、後続の主題別「特別ノート」に反映されていく過程を素描した。ここではグラムシ研究にたいする多様な問題提起を含む千野貴裕氏の論文（「グラムシアン・モーメントーグラムシにおけるヘゲモニーと市民社会を再考する」、『思想』2021年5月）における見解を検討したい。グラムシ研究をめぐる争点の所在が鮮明になると考えるからである。

1　グラムシ研究をめぐる争点

千野論文にはグラムシ研究についての多様な論点が含まれている。ここでは本稿の課題との関係に限定して同見解を検討しておきたい。彼はグラムシ研究において「多くのアンソロジーの乱立」および文献学的研究重視の結果「グラムシに関する論点は一部の専門家にとって共有可能な秘教的なもの」となり、思想史一般の研究と「没交渉化」し、同時代のシュミット、アーレント、ウエーバー研究の展開とは「対照的なように思われる」と述べている。

「秘教」つまり、「秘密の教えや儀式を重んずる宗教」（『広辞苑』）という語義にもとづけば各研究分野の閉鎖性、共同性の微弱さを意味していると考えるが、疑問である。というのは「アンソロジーの乱立」と「文献学的研究の重視」がなぜ「秘教的なもの」となるのか？　についての説明がないからである。どのような研究分野においても研究の進展とともに多様なアンソロジーが刊行されるのは、そのテーマに関する関心の高さを示すものであって、否定的現象ではない。つまり「アンソロジーの乱立」（私は「乱立」ではなく「多様化」が適切な表現と考えるが）は、研究の多面的発展の状況を示すものであり、けっして「秘教化」ではない。たとえばマルクスに関してはグラムシをはるかに上回る多数のアンソロジーが刊行されているが、それは研究の多様化を示すものであって「秘教化」を示すものではないことは明らかであろう。

また「文献学的研究重視」が「秘教化」の要因というような解釈も一面的と言わざるを得ない。たとえば『獄中ノート』完全復刻版の刊行が実現したのは、実にグラムシ没後72年目の2009年のことであった。『ノート』校訂版（1975）は全4巻であったのに対し、復完全復刻は全18巻であり、個別『ノート』のみならず重要草稿にも執筆時期などの注解が付され、これまで不鮮明であったグラムシの「マルクスへの回帰」を示す「第7ノート」におけるマルクス文献翻訳研究の意義が明確になったのである。イタリアにおいてはこの復刻版および刊行開始されたナショナル・エデイション（国家版）によってグラムシ研究の新たな段階が開始され、したがって新たな文献学的研究の進展によって研究の発展がもたらされ、それは現在も進行中である。つまり文献学的研究の新たな発展によってグラムシ研究の新段階が開始されたといっても過言ではないのである。

またマルクスについても、これまでの『全集』（実際は著作集）に収録されなかった各種手稿の研究を含む「新メガ」研究によってマルクス研究の新たな画期が形成されつつあるが（そこには我が国の研究者の長年にわたる貢献も含まれている）、このような文献学的研究の発展が新たな研究の土台となっていることは明らかである。

私はイタリアのグラムシ研究者G・リグオーリのグラムシ研究史に関する大著『論争されるグラムシ─1922‐2012』（増補版、Riuniti, 2012）に深い感銘と教示を受けたが、リグオーリも研究史における文献学的研究の重要性を具体的に指摘している。簡潔に述べれば「問題別選集」の段階（通称トリアッテイ版）、グラムシ研究所校訂版（V・ジェルラターナ編、1975）の段階を経て、校訂版が内包する重要な問題点を克服した完全復刻版（G・フランチョーニ編、2009）の刊行によって、はじめて『ノート』の全草稿が明らかとなったことの意義は大きい。グラムシ没後『復刻版』の刊行まで72年という年月を要したが、そこには戦後イタリア（とくトリアッテイが果たした複雑な役割）やソ連の歴史的背景が伏在している（スターリンは1953年に他界するが、スターリン無きスターリニズムはその後も存続した）。

『ノート』復刻版の重要な意義の一つは、前章で述べたように「マルクスへの回帰」（「第7ノート」）が明らかになったことであり、同時期の「俗流唯物論」批判とともに、グラムシが市民社会論を重視する契機となったことである。グラムシの中期「ノート」以降の市民社会論重視の背景にはこのような理論的、現実的契機が存在することは『ノート』校訂版、復刻版の検討という「文献学」的探究を踏まえてのことである。

我が国の研究に関していえば、『ノート』校訂版の翻訳計画が第1巻のみで中断した後も（大月書店、1981）、校訂版を構成する重要ノート（主題別「特別ノート」）の翻訳刊行は持続しており、今日では「第10ノート（クローチェ論）」、「第11ノート（ブハーリン論）」、「第12ノート（知識人論）」、「第22ノート（アメリカニズムとフォーディズム）」、「第25ノート（サバルタン論）」などが刊行され、「問題別選集」の段階から「文献学的研究」が発展しつつあることは明白である。

さらに前述の『論争されるグラムシ』について次の点を指摘しておきたい。同書では第1回グラムシ研究会議（1958年）から第2回（1967年）、第3回（1977年）、第4回（1987年）

などについて詳細な検討を加えているが、その基調は一切の政治的イデオロギー的介入の排除であり、多様な研究者の見解の尊重、つまり学問研究の自律性と多様性の尊重である。N・ボッビオやE・ガレンは第1回から参加しているが、ボッビオとJ・テクシェの市民社会論をめぐる論争も、このような自律性と多様性の尊重のなかで行われたのである。我が国のグラムシ研究史においては、このような学問研究の自律性と多様性が尊重されてきたか否かが問われるべき問題と考える。ボッビオとテクシェの論争は上述のような学問研究の自律性と多様性をベースに展開されたのである。

前章で述べた如く両者の見解の相違、対立の重要な要因の一つは「グラムシのマルクス理解」にあった。『ノート』校訂版（1975）においても「第7ノート」冒頭の「マルクス文献（レクラム文庫）翻訳研究」パートは除外されたため、本稿で簡潔に触れたように『ノート』復刻版（2009）において、はじめてこの重要なパートが収録されたのである。両者の対立点の重要な要因は文献的基礎の欠陥（トリアッティ版の欠陥）にあったことは今日では明白である。復刻版編者のフランチョーニはこのパートの復元を「マルクスへの回帰」を象徴するものと強調しているが、「グラムシのマルクス理解」を前提とすれば、ボッビオとテクシェの「市民社会論争」もより建設的な内容となることは明らかである。ボッビオもテクシェもともすでに他界したので『ノート』復刻版のこのパートを踏まえた市民社会論が不可欠と考え、本稿ではとくに『テーゼ』と『序言』に言及した。

付言しておけば、我が国の研究史を検討する際の留意点として学問研究の自律性と多様性が尊重されてきたか否かが重要であると考えている。我が国のグラムシ研究の軌跡を知るうえで各種グラムシ・シンポジウムの記録は、巻末に詳細な文献目録が付されており有益である。『グラムシと現代』（御茶の水書房、1988）や『グラムシは世界でどう読まれているか』（社会評論社、2000）などである。

私が注目したのは前者には山崎功、鈴木正、藤沢道郎氏らの論考とともに目録に不破哲三氏の「現代修正主義とグラムシの理論」（『文化評論』１９６４年5月）が記され、のちに『マルクス主義と現代修正主義』（大月書店、1965）に収録されたと注記されている。なお同論文は現在では『史的唯物論研究』（新日本出版社、1994）に収録され、現在も版を重ねている。同書は3部構成であるが、第Ⅲ部が「現代修正主義とグラムシの理論」であり、全体で３２０ページのうち4分の１の78ページを占めており、同書の重要部分を構成している。

論点が多岐にわたるが私が注目したのは同論文の基本視点と、近年の同氏の著作『レーニンと資本論』（新日本出版社）では大きく異なる点である。まず前者では、グラムシの政治理論は、「強力革命を原理的に否定するどころか、むしろこういう形態への移行の可能性を前提にしていた」（p.309）、「グラムシ理論の全体を、基本的にはレーニン主義への接近と適用、展開の過程としてとらえねばならない」（p.320）としてグラムシを「レーニン主義」を参照基準として判断している。つまりグラムシを「修正主義」として批判する根拠は、「レーニン主義からの逸脱」にあることは明白である。しかしながら、『レーニンと資本論』の第5巻（新日本出版社、2000）では同氏の見解は大きく変更され、「レーニンの理論的誤謬」が基調となっている。簡潔に示すと、レーニンの理論的誤謬として「理論的展開の基軸としての国家機構粉砕論」（p.236）および「強力革命不可避論」（p.252）があげられている。またマルクス、エンゲルスの革命論の特徴である「多数者革命論」から後退、逸脱し「強力革命一色に染めあげられた硬直的なものに変形してしまった」（p.346）。さらに「民主共和制を含めブルジョア民主主義を粉砕する」という誤った見解に陥った（p.425）と同氏は述べている。

つまり、グラムシは「レーニン主義からの逸脱」として批判され、同時にレーニン自身の理論的誤謬という見解が同時併存しているのである。後者に従えば前者の「レーニン主義からの逸脱」という見解は成立しがたい。つまりグラムシを「異端」として批判する根拠が誤謬であることは明らかである。同氏のグラムシ批判は哲学、政治理論など多岐にわたるがその基調は「レーニン主義からの逸脱」である。

ここではイタリアのグラムシ研究との差異つまり学問研究の自律性、見解の多様性の発展を阻害する政治的イデオロギー的批判、すなわち異端としてのグラムシ論が主張され、それが半世紀以上の長期にわたって持続されていることを指摘しておきたい。グラムシを「異端」として批判し、その根拠となった「レーニン主義からの逸脱」が誤謬であることが明白となったのちも継続されていることは、「異端審問」の論理が学問研究の自律性を阻害していることにほかならないと考える。

千野氏の見解ではアーレントなどと対比されているが、彼女が学問研究の外部から「異端」として批判されているだろうか。あくまで学問研究内部の見解の多様性という認識がベースになっていると考える。私は学問研究の自律性と多様性の尊重こそ、このような「異端審問的傾向」と対峙するうえでの必要条件と考える。

私は「アンソロジーの乱立」と「文献学的研究重視」が「秘教化」の要因とは考えない。現時点でのグラムシ研究発展の必要条件とは『ノート』（特に主題別「特別ノート」）の「文献学的研究」のより一層の重視および学問研究の自律性と多様性を阻害する「異端審問的」傾向との対峙に他ならないと考えている。

2　市民社会論の再審

千野論文では「グラムシの主要概念」の一つとして市民社会論が検討されている。彼は「もし現代の日本でグラムシを論じる必要があるとすればこうした概念の分析からスタートする必要があるだろう」と述べている。「グラムシのテキストは二一世紀の日本においてもなお読まれるべき質を備えている」とし「そのためには、グラムシの概念を整理し、グラムシの思想家としての独創性を精確に示さなければならないだろう」と主張しているが、この点に異論はない。しかしながらここで「論理的には可能でも、『文脈的に不可能な読み方』を除外すること」が重要である、という主張は疑問である。文献学的研究とはグラムシの各草稿、および草稿間の文脈を明らかにする方法であり、「文脈的に不可能な読み方」は想定されていないからである。

千野氏はヘゲモニーと市民社会という「これら二つの概念は、西欧近代社会の一定の条件の下で重要視される概念であって、彼の構想する『来るべき社会』には必ずしも必要でないどころか、不要ですらある場合もある」と主張している。さらに「グラムシは、市民社会を西欧が歴史的に溜め込んだ非生産的な要素の集合ともみなしており、その限りでは、社会変革の障壁ですらある」と断定しているが、いずれも疑問である。

というのも、「来るべき社会」（グラムシ的用語では「ソチエタ・レゴラータ」（自己規律的社会＝自己統治的社会）と同義である）」とは、「政治社会（国家）の市民社会への再吸収」という「社会構成体」の移行にかかわる理論的支点として位置付けられており、したがって理論的次元（俗流唯物論批判）の問題であり、「西欧近代社会の一定の条件の下」という歴史的次元のものではないからである。

しかも、これらの概念が「来るべき社会」においては「必要でないどころか、不要ですらある場合もある」という驚くべき主張をしているが、その論拠は示されていない。ヘゲモニーと市民社会という理論的認識は、けっして西欧の歴史的認識に還元されるものではないことを、グラムシは「第7ノート」の「マルクスへの回帰」のなかで明らかにした。したがって「来るべき社会」構想にとって「不要」どころか「キー概念」としての位置を占めているのである。

私は前章において市民社会論の関連草稿を検討したが、30篇以上の草稿の存在を確認した。とくに『ノート』復刻版（フランチョーニ編）において「マルクスへの回帰」を示すマルクス文献翻訳パートが復元されていることに注目した。千野見解は、グラムシが重視した「ブルジョア社会と市民社会の区別と関連」、および社会構成体論におけるブルジョア社会（資本主義的社会構成体）の位置づけについての認識が欠けているのではないかと考える。両者を混同すれば「来るべき社会」において不要であり、かつ「社会変革の障壁」という短絡的理解に陥るが、グラムシはそのようには理解していない。

市民社会は歴史的にも理論的にも複雑な要因を内包しており（グラムシは「敵対的矛盾によって引き裂かれた社会」とも表現している）、グラムシは前述したごとく、「市民社会の複雑性、多様性」に注目しつつ多面的に考察したのである。同氏の見解には「第7ノート」における「マルクスへの回帰」や同時期の市民社会関連草稿への言及が見られないが、『ノート』復刻版を踏まえた「文献学的研究」の重要な到達点の一つが「ブルジョア社会と市民社会との区別と関連」にあることは明らかである。

また千葉氏の見解にはグラムシの「社会変革」論についての説明がなく、したがって「社会変革の障壁」が何を意味するのか不明である。グラムシの社会変革論においても「マルクスへの回帰」において社会構成体の理論的意義がその起点となったことは、グラムシ自身が関連草稿で述べている。つまりグラムシ的社会変革論の起点は、「俗流唯物論」による政治革命（国家の変革ではなくその破砕を基調とする）および社会構成体の内在的継起的発展（マルクス）ではなく旧社会構成体の「破壊」と新社会への「飛躍」（「建設なき破壊」）という、硬直化したドグマ（レーニン『国家と革命』の聖典化）に対する批判が基調となっていることは前述したとおりである。つまりグラムシの「社会革命」論とは、社会構成体内部に胚胎しつつある積極的要素を発展させつつ——市民社会論と関連するが——新社会の建設的要素として継承し、質的に発展させることを基調としている。

千野見解は前述したごとく「こうした概念の分析（市民社会論など）からスタートする必要があるだろう」、グラムシが「読まれるべき質を備えている」とすれば「グラムシの概念を整理し、グラムシの思想家としての独創性を精確に示さなければならないだろう」と強調しているが、前述したごとく「グラムシの概念」の検討が脆弱であり（そのためには関連草稿の分析が必要であるが、そのような草稿分析はなされていない）、したがって上述のような理論的混乱に陥ったと考えられる。

「ブルジョア社会と市民社会との区別と関連」、社会変革論における「社会構成体論」の意義はまさに同氏がいう「概念の分析」の一部であることは明白であるが、同氏は「こうした概念の分析からスタートする必要があるだろう」と明言しながら、そのような概念分析がなされていない。このような具体的な関連草稿分析を経ずに断定的な見解が主張される例がほかにもあるが、ここでは市民社会論と関連する「ノート22（アメリカニズムとフォーディズム）」についての氏の見解を検討しておきたい。

3 「アメリカニズム」と市民社会

千野見解では「アメリカニズム」について「グラムシがアメリカに未来社会の原型を見ていたというのは『獄中ノート』の他の議論からも跡付けることが可能である」として次の2点を挙げている。

第1に、「コンフォーミズム的人間観」について次のように述べている。「グラムシにとっては、アメリカにおけるフォーディズムの進展こそ、新しいコンフォーミズムが生起する機会に他ならなかった。アメリカにおけるフォーディズムは、工場の機械化を進めただけでなく、労働者の私生活（酒の消費や性生活）を管理するとともに賃金を上昇させ、労働の生産性向上を達成していた」と積極的に評価している。しかしながらこれは一面的な見解である。

グラムシは「合理化された前提条件のもと」で「説得（高賃金、各種の社会福祉、巧妙なイデオロギー的政治的プロパガンダ）と強制（地域における労働組合組織の破壊）」が接合され、「国の全生活を生産を軸として回転させて、生産と労働を合理化」することが可能となったと述べている（Q22§2C、p.2146）。グラムシはフォーディズムを「残忍な強制」と「高賃金」による資本のヘゲモニーの具体的形態とみなしていたのであって、同氏のように「残忍な強制」を無視してはいない。グラムシがこの問題を重視する起点は「資本主義の全般的危機論」批判（スターリンは資本主義が崩壊にむかって危機を激化させていると強調していた）とともに「アメリカニズム」という資本主義的社会構成体の現段階が「説得と残忍な強制」の両側面を持つことを指摘したのである。彼は「フォーディズム」と基礎にある労働者の「科学的管理（テイラー主義）」、つまり労働過程の再編について「従来のそれよりもいっそう激烈なものであり、いっそう残酷な形であらわれる」と述べている（Q22§11C、p.2165）。グラムシはフォーディズムが「熟練の解体による労働の機械的単純化」のみならず、労働者の生活様式の「管理」にまで拡張されることに注目している。つまり社会的諸関係、「市民社会」の次元まで「管理」の対象となることをグラムシは「フォーディズム型へゲモニー」の特徴として注目しているのである。「工場内へゲモニーは、まさしく生活様式にかかわった、職場外での増大するイデオロギー的道徳的拘束体制を伴っている」からである（ビュシ・グリュックスマン、1983, p.119）。

さらにグラムシは「性問題」を第一次大戦後の「かつてない幅と深さをもつ道徳の危機」、「淫蕩の危機」の「人口の全階層」への波及と「労働の新しい方法（テイラーシステムおよび合理化）の必要性」との矛盾の表出ととらえている。「産業家たちは（とくにフォード）、その従業員の性関係や、一般に彼らの家庭内の秩序に関心をよせている。この関心は一見『ピューリタン主義』のようであるが（禁酒法の場合と同様に）見かけに惑わされてはならない。真実は、性本能がそれにおうじて抑制され、合理化されない限り、生産と労働の合理化が要求する新しい人間の型を成長させることはできない」からであり、「これらの新しい方法は性本能の（神経系の）厳格な規律すなわち性関係の正常化と安定という広い意味での『家族』の強化を必要としている」。つまり、ピューリタン的で「家庭第一主義的」な性イデオロギーは「新しい生産方法によって搾取される労働者の生理的破壊を防ぐ一種の精神―肉体間の均衡を労働の外部で保持する」ためのヘゲモニーの構成要素にほかならない。言い換えればフォーディズム敵統合原理は、労働者の諸本能訓練、性関係の規制、私生活の統制なしでは成り立たない。工場内へゲモニーは工場外へゲモニーなくしては存在しないのである。

グリュックスマンは、フォーディズムを資本主義的経済「計画化」と私生活領域での新たなイデオロギー的様式の結合ととらえ、そこから「性問題」が「生産装置と諸上部構造の場との関係」において「二重の位置づけ」を持つ点を重視し、そこにグラムシ的視点の「現代性とアクチュアリテイ」を見ているが、重要な指摘といえよう。つまりフォーディズム的「計画化」のへゲモニー機能は「経済活動・労働」の次元にとどまることなく、労働者の「私生活」の監視・統制をも含むのである。

さらにグラムシは、フォーディズム的イデオロギー形態としての「ピューリタン的」道徳主義が勤労諸階層に押し付けられ、一定の浸透をみたとしても、それが新たな統合原理として安定したものとはなりえず、むしろ支配イデオロギーの危機、統合の危機を深化させる点に注目している。「人民諸階層は『徳』を守ることを強いられる。徳を説教するものは、口先では徳に忠実を誓ってもそれを守ることをしない」。つまり、「全体的社会的偽善の状態」が恒常化され、「労働の新しい方法にとっての必要な精神的肉体的態度の獲得」が実現困難となるからである。「危機は『恒常的』となりうる」のである。したがって「生産と労働の新しい方法に結び付いた新しい精神的肉体的習慣、態度が互いの説得または個人的信念の交換を通じて獲得」されるような「知的道徳的改革」の課題が（対抗的ヘゲモニー形成の一環として）「新しい社会集団」の前に提起されざるをえない、というのがグラムシの含意といってよいであろう（Q22§10C、pp.2162-63）。

すでに前章でも述べたが、そこでは「女性の新しい人格形成の問題」が「性問題に関連する最も重要な倫理的―市民的問題」として位置付けられる（Q22§3C、p.2149）。それなしには「性問題は病的な性格をとうてい脱しきれない」からである。フォーディズムが「女性の劣等生」をそのイデオロギーの一部として組み込み、そのような女性蔑視のイデオロギーと家族主義的イデオロギーが「一定の生産発展のために同意を組織する形式」、「社会と国家をつなぐ蝶番」（ビュシ=グリュクスマン）として機能するととらえるならば、女性の「新しい人格形成」はフォーディズム型ヘゲモニーの「弱い環」になりうるといえよう。

またこの問題は、フォーディズムに対峙し「新たな対抗的ヘゲモニー」を創出すべき「新しい社会集団」にとっても極めて重要な課題となる。というのは、この問題は「階級還元論」や「経済決定論」に呪縛された「俗流唯物論」の桎梏の打破なしでは理論的刷新はありえないからである。

グラムシはアメリカニズム現象のヨーロッパへの「流布」についても関心を抱いていた。それは「新しい社会集団」にとって「アメリカの商標のつかない生活様式」というヘゲモニー創出の課題は、イタリアにおいては「ファシズムの商標のつかない生活様式の創出」という課題であり、コミンテルン・レベルでは「スターリニズムの商標のつかない生活様式の創出」であるが、「ノート22」の最終草稿(§16C)はアメリカニズムのヨーロッパにおける波及に関するメモのみである。その意味で「ノート22」も「未完ノート」であった。しかしながら「ノート22」におけるアメリカニズム問題も、「新たな生活様式の創出」という視点からは「女性の人格的自立」を含む「市民社会」の諸問題と深く関連している。

なお付言しておけば、『獄中ノート』について千野氏は次のように述べている。「グラムシが1937年にローマ近郊で死去したのち、このノート群はローマ銀行の金庫にしまわれ、幸運にも第二次大戦の戦火を逃れた」。重要な事項ながら同氏はその論拠、出典を示していない。戦後関係者に対する調査や遺族の証言によって、そのような事実は存在しないことが明らかになったことが複数の著書に記されている。

グラムシが遺した手稿、手紙、多くの蔵書、日用品などは正規の外交ルート、つまりローマのソ連大使館から外交便として1938年にモスクワの遺族に届けられ、同年末から手稿や手紙の保存、管理、出版にかかわる検討委員会が開始された。『ノート』校訂版の序文では次のように述べられている。「ファシズムに反対する闘争がなおも進行中で、イタリアがまだ完全に解放されていなかったとき、グラムシの未完の著作の最初の近刊予告が現れる」（大月①、p.35）。『獄中からの手紙』（初版、1947）、『獄中ノート』問題別選集（1948‐1951）は戦時中からの準備によるものであった。戦火の中で出版準備が開始されたということは銀行の金庫に保管されたという事実はなかったということである。

なお千野氏は「ローマ銀行」としているが、当時の説によれば「イタリア商業銀行」である。同氏はあたかも確定した事実であるかのようにこのような「虚報」を述べるのか理解しがたい（しかも出典は示されていない）。前掲の『ノート』序文その他関連文献を調べれば、容易に判明することである。

なお、グラムシの手稿などを含む遺品の保全と遺族への送付は、ローマのソ連大使館や通商代表部の勤務経験のある義姉タチアナの貢献が大きい。その後の出版などの準備には妻ジュリア、タチアナとともに義姉エウゲニア（レーニンの妻で教育相も務めたクループスカヤの秘書であった）が重要な役割を果たしていることが明らかになっている。『ノート』完全復刻版の刊行にはグラムシが没して72年という年月を要したが、グラムシの手稿や手紙などの保全と管理には、ジュリアはじめシュフト家の三姉妹の貢献が大きいことを記しておきたい。

第3章　市民社会論の系譜

我が国におけるグラムシ市民社会論の研究において平田清明、山口定、吉田傑俊の見解はグラムシ研究に対しても、また今日の市民社会論研究においても重要な問題提起的内容となっている。本章ではこの三氏の研究の意義および今後の課題について検討したい。

1　平田清明の市民社会論

(1)　「永遠の課題」としての市民社会

政治学者の篠原一は戦後思想に大きな影響を与えた丸山眞男、大塚久雄、川島武宣らの「市民社会派」（「市民社会青年」）について次のように述べている。

永遠の課題としての市民社会というようなものをみんな考えていたのではないか。だから後でこれらの人々は近代主義者だといって批判されるけれども、ぼくは近代主義者じゃないと思う。近代的な市民社会をどういうふうにつくるかとい永遠の課題を追及していたわけで、それを達成したい——いまでもできていないと思うけれども——という発想があったと。

また戦後日本社会についても、その「高度成長」を「市民社会欠如型の市場社会の極端な結果」として、「国家と市民社会との分離という問題はもう二百年前から議論がなされているのです。それが十九世紀末ぐらいになると企業社会というもう一つの輪ができて、三つの輪が交錯してきた。その経済ないし企業の原理が市民社会に侵入してきて、利益本位で社会をかき回しているのが現在の資本主義とだと思うんです。日本の場合は特に極端で、せっかく市民社会青年が望んだものが高度成長によってめちゃくちゃにされた」と述べている（篠原一『世界』615号、p.84, p.101）。

この「市民社会青年」の系譜の中で独自の知的位置を占めるのが平田清明（1922－95）である。平田見解を要約すると次のように言えよう。第1に、平田は『市民社会と社会主義』（1969）を起点として、マルクス市民社会論からグラムシ市民社会論への関心を深め「方法としてのグラムシ」を強く意識した研究者であった。第2に、市民社会論の現代的問題提起として「レギュラシオン・アプローチ」とグラムシとの接合を追及した。第3に、上記2点を踏まえつつ、現代日本社会論を含む現代社会論の「市民社会論」的分析に取り組み、現代的市民社会形成の課題を提起した。

(2) 市民社会論とグラムシ

平田の市民社会論の展開を特徴づけるのがグラムシの積極的位置づけであり、それが明瞭に示されるのが「現代資本主義と市民社会」(1987) である。また同年「マルクスの市民社会概念再考」も発表されるが、同論文は89年に大幅に加筆され「グラムシの市民社会概念に寄せて」と改題され、生前最後の著書となった『市民社会とレギュラシオン』(1993) に「市民社会概念におけるヘーゲル・マルクス・グラムシ」として収録された。

平田は次のように述べている。「グラムシは、第一次大戦の革命と反革命の激動に耐えつつ、『市民社会—政治社会 (国家) の関係を転倒させる』ことを、かれの時代の最緊急事であると同時に、近代の発生的起源の超克にとって根底的な前提条件をなすものである、と言明していた」と、「まさしく歴史の変革にとってキー概念は市民社会概念なのであった」と強調している (平田、1987, p.6)。

さらに同論文では、グラムシの市民社会概念をヘーゲル、マルクスの発展として位置付ける視点が明確となるが、その際重視されるのがグラムシの「国家=政治社会プラス市民社会」テーゼである。グラムシは「市民社会と国家との分節=連接のもつ理論問題におけるヘーゲルとマルクスとの思想的緊張関係にふれていたのである。そしてそこに内在するきわめて原理的かつ実践的な問題性を、かれ自身の政治的敗北とそれに続く投獄のなかで、反芻していたのであった」(平田、前掲、p.7)。平田はグラムシの「省察の焦点」を「市民社会と国家との原理的分離と現実的連関とにはらまれた問題」と捉え、「上部構造たる政治社会＝国家はその歴史的論理的基礎を市民社会のうちに有するのであり、逆に言えば、市民社会は私的利害の総体(欲望の体系)でありながら、同時に社会的共同的公共的なエレメントを内包するものであり、両者を表現する社会方程式として、次のものが成立するのであった」として、「国家＝政治社会プラス市民社会」というグラムシのテーゼの意義を強調している(平田、前掲、p.9)。

また、『市民社会とレギュラシオン』においては、グラムシによる「市民社会概念の再措定」のもつ理論的意義がさらに明確化される。その要点は、第1に「土台と上部構造との方法論的接点」としての市民社会論であり、第2に「近代ブルジョア社会の発生論的原点」の再確認による、資本主義体制・国家の内在的変革の理論的基礎としての市民社会論である。さらに第3は、「市民生活の諸組織(職能団体、教会、組合、マス・メディア、学校、政党など)」の私的性格と社会的性格との緊張関係および後者の政治社会(国家諸機構)」への包摂・吸収の問題であり、またこの点を踏まえた現代国家論の刷新である。第4は、グラムシが重視する「カタルシス」とその結晶としての「イデオロギー」および「知的道徳的リーダーシップ」としてのへゲモニーのダイナミックな相互連関の認識の深化による、「陣地戦の地平」としての市民社会という位置づけの明確化である。第5は、「政治社会の市民社会への再吸収」と将来社会としての「Società regolata」(ソチエタ・レゴラータ、原意は自己規律的社会、グラムシは自己統治社会と同義のものとしている）――平田は「制御調整（レギュラシオン）社会」としている――の問題である。いずれの論点も、平田がグラムシを踏まえて自らの「市民社会論」をより豊富化させようとしたことが明瞭な見解である（平田、1993, pp.257-271）。ここでは以上の論点について若干の補足をしておきたい。

第1、第2の点は、平田のグラムシ認識の深化を示す論点といえる。第3の点は、すでに87年の論文においても示されていたが、それは主としてN・プーランツァス、J・アーリ、B・ジェソップ、A・トゥレーヌなどの見解に基づくもので、グラムシに直接依拠したものではなかった。平田はここでグラムシに依拠して、政治社会（国家）の市民社会への包摂・吸収・統合の問題を「強制の鎧を着けたヘゲモニー」としての国家という国家観の刷新ばかりでなく、市民社会の構成要素たる多様なアソシエーションの意義とその二重性に着目している。

グラムシは「第1ノート」の草稿において、ヘーゲルのアソシエーション観について「当時の歴史的経験に応じて政治と経済にまたがる漠とした原初的なものでしかありえず、この歴史的経験は非常に限定されたもので、この経験によって与えられた唯一の既成組織の実例は『同業組合的な』実例（経済に接合された政治）だけであった」と述べ、マルクスもまた同様の歴史的限界を免れえなかった、と記している（Q1§47 B、p.57, 大月①、p.154）。

第4の点は、グラムシのイデオロギー、ヘゲモニー、カタルシスの相互連関および「カタルシスの人格的担い手としての知識人」、「市民社会という陣地戦の地平」にかかわる重要な提起である。グラムシはイデオロギーをたんなる「虚偽意識」とは捉えず、「客観的、能動的な実在性をもつ」上部構造の有機的構成部分と位置づけ、人間が「自己の社会的位置に従って自己の課題を感得する」場、「特定の社会集団がその社会的存在について、その力について、その責務について、その将来について、の認識を得る領域」（Q10Ⅱ§41C、pp.1319-1320）であることを強調し、「構造」（経済）の領域における即時的　利己的契機（量）の高次の倫理的・政治的契機（質）への質的転化を「カタルシス」概念によって重視した。またその担い手としての「知識人」概念を重視し「構造」を人間にとっての外的・他律的な力から「自由の手段」（つまり敵対的矛盾によって引き裂かれた「分裂社会」の諸矛盾の構造的基礎の変革のための）に変換するための「集団的意志」形成の中枢に位置づけた。

前述した「市民社会の諸組織」との関連でいえば、これらの結社（アソシエーション）は発生的には「経済的・同業組合的」利害を基礎に形成され、「構造」に規定され、かつ国家に包摂されている。「構造」にたいしても「国家」にたいしても、アソシエーションが自立性、自律性を獲得し、さらに「同業組合的」制約・限界を克服し、「構造」と「国家」双方に対してそれらを「自由の手段」として制御しうるようになるには、個別的利害を超えた「集団的意思」の形成が不可欠のモメントとなる。「カタルシスの結晶としてのイデオロギーとは、同時にカタルシスの人格的担い手としての知識人というテーゼを含んでいる。そして、それこそが市民社会という陣地戦の地平における重火器であり、巨砲である」という指摘は、市民社会と陣地戦との関係についての重要な指摘である（平田、1993, p.266）。

⑶現代市民社会論の課題

平田は急逝する前年の論文「現代市民社会と企業国家」（1994）において次の３つの論点を提起している。

その第1は、「ソ連・東欧の崩壊以後の現時点において、この崩壊を自らの個人としての関りにおいて、当然のことながら既成史観の枠組みを超えて受けとめ、省察を深めていくうえで何が必要か」という論点である。「私にとっては、市民社会なき社会主義は社会主義ではない。それは国家社会主義であり、ドイツ・ナチズム以上に手のこんだ国家社会主義であった」（平田、1994, p.3）。平田の『市民社会と社会主義』（1968）以来の問題意識が「市民社会なき社会主義の変質と虚無」に対する理論的批判のみならず、「市民社会的社会主義像」の再生と創造的発展にあったことは多言を要しないであろう。「民主主義」を単なる空虚な形式論ではなく「主語」とする「人間の顔をした」社会主義像の模索であった。グラムシは資本主義的社会構成体の胎内で芽生え、成長する「市民社会的エレメント」の持続的展開・質的発展にもとづく「自己統治・自己制御社会」が将来社会の根幹であることを強調したが、またそれは「おそらく数世紀にわたって続く」人類史的視野に基づく探究であったが、それは平田の基本視点でもあったといえよう。

第2には、「国民国家レベルでのシビルソサエティ（市民社会）が、トランスナショナルな地域共同体でのシビルソサエティとどのような関連をもつものとして位置付けられるか」という論点である（平田、1994, p.4）。つまり国民国家的視点と国際社会。グローバリゼーションにおける市民社会の相互関連の問題であり、「国境を超える市民社会」、「グローバル市民社会」の問題である。この問題は「市民社会とエスニシティ」（定住外国人、先住民問題など）、「市民社会とポスト・コロニアル問題」と深く関連しており、その意味で平田の指摘は先駆的な問題提起として重視する必要があるであろう。

第3には、現代日本社会論との関連である。「市民社会をわれわれは、戦後日本の歴史のなかで、自らの自覚の視座として感得する。しかし同時にそれが企業社会に蔽われており、国家が企業国家になっているのを再発見する。市民社会は、日本の現実においてはすぐれて現代国家の対錘としての方法概念である」。つまり「現代日本では戦後民主主義の進展と歩みを共にしてきた市民社会形成は、一九五〇年代の朝鮮戦争を転機として資本主義的再編軌道が確立した資本主義社会のうちに包摂されて成熟化をおしとどめられた。…会社中心主義が社会生活全体の支配的な動向となった。市民社会の成熟ではなくて、市民社会の企業社会への吸収が進み、〝企業市民の時代〟が語られ、〝私民社会〟が批判的に論じられるようになった」と平田は強調している（平田、1994, p.22, p.36）。

平田は、「市民社会は、今ここで新たに、歴史のかまどとして再措定されねばならない」と再三強調している（平田、1987, p.26）。平田市民社会論は、グラムシ市民社会論の摂取およびレギュラシオン・アプローチとの節合によって、我が国における市民社会論に独自の問題提起を行ってきた。その意味で平田は「方法としてのグラムシ」を自覚的に追求した「市民社会青年」の一人であったといえよう。

平田は、「その時代にあって語るべき最大限のことを、語り得る最大限の言葉を以て、語らねばならない」（平田、1994, p.8）と述べているが、市民社会論についても、その意義、到達点、残された課題などについて「語り得る最大限の言葉を以て」語ることが重要と考える。平田は『獄中ノート』校訂版（1975）の仏語版にもとづく研究を予定していたが、急逝のため惜しくも実現できなかった。しかしながらすでに述べたように平田の市民社会論に関する問題意識は先駆的であり、我が国の研究史において今日なお注目に値する独自の位置を占めているといえよう（平田氏の市民社会論の詳細に関しては、松田、2003, 第8章を参照されたい）。

2　山口定の市民社会論

山口定（1934‐2013）の『市民社会論 ―歴史的遺産と新展開』（2004）は、「古くて新しい人文・社会科学のキーワード」である「市民社会」概念の「歴史的遺産」を掘り下げ、さらに現代的諸課題と深く関連する世界的規模での「新展開」の動向や今後の課題を提起したスケールの大きな著作であり、筆者にとっても触発される点が少なくなかった。山口は、我が国の社会科学における市民社会概念をめぐる複雑な歴史的背景に触れつつ、それが「平田清明らの広い意味でのグラムシ派知識人と一部の市民運動の活動家の努力によって生き続けたのち、一九九〇年代に入って世界的規模での『市民社会論』ルネサンスの中で甦った」と述べ、「今、この新しい世紀の冒頭での深刻な危機状況の中で、これまでになく、そして世界史上はじめて世界的な広がりで人々の注目を集めているのである」（山口、2004, p.2）と指摘している。

山口の指摘はグラムシ市民社会論の歴史的・理論的意義と問題点などを現代的視点から検討するうえでも重要な論点が提起されている。というのは、グラムシのそれは「歴史的遺産」と「新展開」双方にかかわっているからである。換言すれば、グラムシ市民社会概念を歴史性と現代性との媒介的位置に置くことによって、その意義、限界、問題点などをより俯瞰的に把握することが可能になるという点である。おそらく市民社会論のみならず、グラムシという特異な思想家の位置は、「近代」から「現代」への移行期・転換期に生きた「過渡期の思想家」としての特徴を持っているといえよう。

山口がグラムシ市民社会論に注目する視点を要約すると次の2点である。その第1は、平田清明の市民社会論におけるグラムシ理解の意義、問題点の検討である（平田、1987, 1993）。山口は「平田におけるマルクス主義の系譜の基本理論への『市民社会論』の論理の読み込み、あるいは組み込みの執念と努力は、我が国の社会科学の世界では特筆に価する『事件』であった」と指摘している（山口、2004, p.111）。とりわけ「市民社会論のグラムシ的旋回」の意義、および残された課た課題としての「市民社会とアソシエーション」問題や「市民社会と公共性」問題などは、グラムシ研究においても萌芽的段階であり、前者については田畑稔の先駆的問題提起（1994, 2015）や大谷禎之介（2011, 2017）にによってアソシエーション論の意義がマルクス研究の深化の一環として提起された。

山口は「現在のグラムシ派の『市民社会論』に、それを担うべき今日的で、かつ具体的な『アソシエーション』論並びに『知識人』論の成熟が見られないことは残念である」と指摘している（山口, 2004, p.241）。私は山口が他界する2013年に『ノート12（知識人論ノート）注解』を刊行し、献本したがすでに病状は重く、山口のコメントを聴くことができなかったのは残念な点である。

第2には、「デモクラシーのヴァージョンアップ」にかかわる問題である。山口は「わが国のグラムシ研究者たちの『市民社会』論の今後のあり方に向けての最大の寄与」として「官僚統治に替わるべき『市民社会による国家の再吸収』を提示したことである」として、さらに「この点はマルクス主義的変革構想の再確立ということだけでなく、この重大な転換期において、日本社会のあり方にかんする必要不可欠な改革構想」の構築という「本書の底流にある問題意識を刺激するもの」と述べている（山口、2004, p.241）。

山口は市民社会論の歴史的・理論的考察において「西側世界の『市民社会論』の歴史的諸類型として「都市国家型市民社会論」、「国民国家型市民社会論」、「マルクス＝グラムシ型市民社会論」に大別し、「マルクス＝グラムシ型」を「国民国家乗り越え型」と特徴づけている。山口の見解には、平田清明などの市民社会研究の歴史的・理論的な到達点を踏まえた「変革論的構想力」の豊富化に、グラムシ研究がどのように「貢献」しうるか、という問題意識が一貫しているといえよう。

グラムシ『獄中ノート』はグラムシ歿後72年目の２００９年に初めて完全復刻版が刊行された。同版によって『ノート』における「マルクスへの回帰」の実相が明確となり、市民社会論におけるマルクス―グラムシ関係の問題も明確となった（第１章を参照されたい）。また「マルクス＝グラムシ型」市民社会論が「国民国家乗り越え型」（国家の市民社会への再吸収）という理論的射程を内包することも基本的に明らかとなった。しかしながら、山口が強調する「変革論的構想力」の豊富化という点では、なお深めるべき課題が残されている。その意味で山口の指摘は、「グラムシと現代」を考えるうえでの重要な提言と示唆が含まれている。

３　吉田傑俊の市民社会論

吉田傑俊の『市民社会論―その理論と歴史』（2005）は著者の長年の研究の集大成というべき労作であり、山口定（2004）とともに現代における市民社会論の探究において重要な問題提起が含まれており、その意味で平田、山口とならぶ重要な著作と考える。

吉田のグラムシ論の基本視点は次の３点である。第１に、グラムシがファシズム体制との対抗のなかで「国家概念を拡張し、その内部にある政治社会と市民社会の均衡を市民社会の『ヘゲモニー』によって逆転する構想」を提起した。第2に、「グラムシによる国家と市民社会のこの規定は、マルクスによる市民社会＝協同社会、社会生活と政治生活の統一という理念を継承しつつ、この理念の現実化を市民社会内部における階級的・市民的運動による現実国家の変革によって、最終的に国家を市民社会に再吸収する方向を正確に継承するものである」。第3に、「グラムシ思想の意義は、独自の『ヘゲモニー論』の構築によって市民社会による国家止揚の現代的、現実的方法を切り開き、二〇世紀における社会変革の基本路線を定めたことにあった」としている（吉田、2005, p.229）。

吉田はマルクス研究者でもあり、「マルクス市民社会論の理論構成」（第二章）においてマルクスの見解を「重層的市民社会論」と特徴づけたが、この視点はグラムシにも共通している。すでに言及したが『獄中ノート』完全復刻版（2009）において「第7ノート」冒頭の「マルクス文献翻訳パート」が収録され、グラムシの獄中での探究において「マルクスへの回帰」が明確となり、グラムシ市民社会論がマルクスを踏まえた市民社会論であることが明確となった。『フォイエルバッハ・テーゼ』の翻訳において「ブルジョア社会」と「市民社会」を区別していることも、その一例である。

吉田見解におけるマルクスとの関連性の重視、グラムシにおけるヘゲモニー論と市民社会論との関連性さらに現代的変革論のいずれも『獄中ノート』校訂版（1975）の刊行以降注目されてきたテーマであり、特に『ノート』復刻版（2009）以降明確になってきたテーマである。ヘゲモニー論、市民社会論のいずれもグラムシの探究の基軸的なテーマであるが、それがテーマ別の「特別ノート」として完成されることはなく、「未完ノート」として遺された。グラムシの考察の到達点と「遺された」課題との区別の問題も『ノート』復刻版によって明らかになった点と考えるが、その意味で吉田見解の市民社会論におけるマルクス―グラムシ関係の重視は先駆的問題提起といえよう。

さらに吉田が重視するのが、ヘゲモニー論と社会変革論との関連性である。「グラムシの対抗戦略は、このヘゲモニー支配を逆用した、被支配層による市民社会での知的・道徳的ヘゲモニーの駆使による、政治社会と市民社会の拮抗でありその転換である。この戦略こそ、強固な市民社会における長期で持続的な陣地戦」である。さらに吉田は「このヘゲモニー戦略が、経済変革と結節されていること」を重視し、「国家の基盤をなす経済の改革なしには、市民社会を媒介した政治社会の変革はないとするグラムシの戦略」は「マルクスの『上部構造的』市民社会における『市民間関係』と『階級間関係』の拮抗と展開の現代的発展」と強調している（吉田、2005, p.232）。

本書の特徴は市民社会概念を古代ギリシャから近現代に至るまで思想史的・理論史的に俯瞰し、そのなかにマルクス―グラムシの市民社会論を位置づけようとするスケールの大きな労作であり、また「戦後日本の市民社会論の展開」（第四章）にはその前史としての「福沢諭吉の市民社会論」から戦後では丸山眞男、平田清明などの見解が検討され、日本近代思想史における市民社会論の形成と展開という著者の問題意識が鮮明である。著者の意図は、西欧思想史を貫流する市民社会論と我が国の近代思想、戦後思想における市民社会論との綜合的提示にあると考えるが、その意味で市民社会論の歴史的眺望という点にも本書の研究史上の意義が確認できよう。

本章では我が国におけるグラムシ市民社会論に関する研究において重要な見解を提示した3人の優れた研究者を検討してきた。平田清明（経済学）、山口定（政治学）、吉田傑俊（哲学）に共通するのは、その専門分野におけるグラムシの意義の評価ばかりでなく、グラムシ市民社会論のアクチュアリティについても鋭い問題提起がなされていることをあらためて痛感した。

平田、山口両先生は私が勤務した立命館大学の客員教授も務められ多くの助言、教示をいただいた。両先生からの教示は表層的なグラムシ論ではなく、『獄中ノート』の本格的研究にもとづくグラムシ論という点であり、またイタリアをはじめとする国際的グラムシ研究の積極的摂取、つまり研究の国際的視野の必要性であった。両氏ともすでに故人となられたが、私にとって大きな教示をいただいた研究者、知識人であり、今後とも重視していきたい。

また吉田氏は思想史研究の先達として数々の助言をいただいてきた研究者であり、また市民社会論を踏まえた重層的な社会変革論――マルクス・グラムシ的変革論といってよいであろう――からも多くを学んだ。同氏は『市民社会論』の「あとがき」で「本書は市民社会論の〈原理的〉考察であって、運動に〈速戦的〉に寄与できるかどうかは判らないが、私自身は一般に原理的であることは実践的でもあると信じている」と述べている。これはグラムシが強調する「実践の哲学」に共通する視点である。つまりグラムシの時代は、スターリニズムなどの「俗流唯物論」の跋扈によって「理論と実践の乖離」は深刻であった。この乖離の打開、克服こそ「実践の哲学」再建、再興の焦眉の課題とグラムシは考えた。私にとって吉田氏は「理論と実践の乖離」の現代的バージョンの超克を志向する研究者・知識人であり、したがって市民社会論というフィールドは原理的でもありかつ実践的でもある、というのが同氏のメッセージではないかと考えている（松田、2007、第6章を参照されたい）。

なお同氏には『丸山眞男と戦後思想』（大月書店、2013）という優れた著作がある。詳述することはできないが、私は「グラムシ知識人論」の検討との関連で同書から多くを学んだことを付言しておきたい。

文末ながら『ノート』復刻版の刊行によって明確になった点を補足しておきたい。それは市民社会論と「サバルタン・ノート（ノート25）」との関係である。従来の研究では、市民社会論と「サバルタン（従属的社会集団）」との関係の解明は必ずしも十分とは言えなかった（第8章を参照されたい）。しかしながら市民社会におけるヘゲモニー形成にとって従属的地位に置かれているサバルタンの「自己統治能力（ヘゲモニー能力）」の問題は不可欠である。サバルタンの支配階級からの自立性の獲得およびサバルタン諸集団の個別的利害の克服から普遍的利害のための自律性の形成という課題は、「市民社会の自律性と共同性」にとって不可欠の契機となるからである。その意味で「サバルタン論を欠落させた市民社会論」も「市民社会論を欠落させたサバルタン論」も一面的なものにならざるを得ないであろう。

平田、山口、吉田諸氏の優れた研究を継承・発展させるためにも、グラムシ市民社会論の「静止画像」的でないダイナミックな把握にとって「サバルタン・ノート」が重要な意味を持つことを補足しておきたい。

第4章　ヘゲモニー論

1　ヘゲモニー論の形成と刷新

グラムシは『獄中ノート』の初期からヘゲモニー論を重視し、中心的テーマの一つとして考察を続けた。彼のヘゲモニー観は『ノート』執筆開始前の認識から大きく変化し、さらに初期「ノート」から後期「ノート」においても重要な変化を示す。ヘゲモニーは通常、政治的指導能力の意味で使用されることが多いが、ヘゲモニーの語源はギリシャ語のヘーゲスタイ（先導する）であり、とくにポリス（都市国家）間の関係における覇権の意味で使用された。

グラムシは『ノート』以前においてはレーニン的な「階級同盟」（とくに「労農同盟」）のための政治的指導能力の意味でヘゲモニーを使用していたが、「第1ノート」においてヘゲモニー観刷新の萌芽が生まれ、中期「ノート」においてヘゲモニーの知的文化的契機の重視に移行し、「第19ノート（リソルジメント論）」において知的文化的契機を核心とするヘゲモニー観が明確となる。

第1に、グラムシは1926年10月、逮捕投獄される直前に執筆した論文「南部問題に関する若干の主題」（未完）のなかで、「プロレタリアートは勤労人民の大多数を資本主義とブルジョア国家に反対する行動に決起させる階級同盟の体系の創出に成功するのに応じて、指導的・支配的階級に成長しうる」と述べている。

この論文で注目されるのは次の3点である。①イタリアの農民問題は「イタリアに固有な特異な2つの形態をとった。それは南部問題とヴァチカン問題である」。「南部問題」は、南北格差を温存する跛行的な「上からの」資本主義的近代化のもとで従属的地位におかれた南部農民層の問題を起点として、資本主義的ヘゲモニーの下での地域的格差にとどまらない従属的社会集団（サバルタン集団）の「自立性」の問題へと展開していく（本書第8章参照）。②「ヴァチカン問題」の重要性。ヴァチカンの教権主義的介入（政教一致など）は「政教分離」、「信教の自由」などの「世俗国家」形成にとって最重要課題であった。グラムシは「政教分離」などのクローチェの「知的道徳的改革」論を高く評価し、その継承、発展を重視した（第5章参照）。③「農民および都市の半プロレタリア層からの信頼と同意を獲得するために、労働者階級の内部に存在する、諸々の偏見やエゴイズムを克服しなければならない」という点である。つまり、「あらゆる同業組合的残滓やサンディカリズム（組合主義）的な先入観や残存物からの脱皮」である（1971, pp.139-140.

pp.144-145）。

第2に、「第1ノート」において注目すべき点は、ヘゲモニー論と密接に関連する「永続革命論」に対する批判的考察が開始されていることである。この点は「陣地戦論」の形成と関連している。つまり、グラムシの考察において「永続革命論」批判とその具体的形態である「機動戦」批判からヘゲモニー形成と関連する「陣地戦」重視への端緒となっていることである（「陣地戦」については第6章参照）。

「第1ノート」でグラムシは次のように述べている。

一つの階級は2つの様式で支配的である。すなわち「指導的」で「支配的」であるということである。同盟諸階級にたいしては指導的であり、敵対諸階級にたいしては支配的である。それゆえ一つの階級は、権力の座に到達する以前にすでに「指導的」であることができる（またそうでなければならない）。…（中略）「政治的ヘゲモニー」は政権到達以前にもありうるし、またなければならず、政治的な指導またはヘゲモニーを行使するには、権力と権力の与える物質的な力だけをあてにしてはならない（Q1§44A、p.41, 大月①、p.132）。

「第19ノート」ではグラムシは次のような重要な刷新をおこなっている。

ある社会集団の優位性は2つの形態、つまり「支配」および「知的道徳的指導」として具現される。支配はある社会集団が、武力を用いても敵対集団を「一掃」ないし屈服させようとする形態であり、指導は近親的集団と同盟的集団にたいする形態である。ある社会集団は統治権力を獲得する以前にすでに指導的でありうるし、また指導的でなければならない。権力獲得後、その社会集団は支配的集団となるが、かれらはなお「指導的」であり続けねばならない。…（中略）つまり権力に到達する以前においても、ヘゲモニーをめざす活動はありうるし、またなくてはならない。さらに有効な指導をおこなうには、権力がもたらす物質的な力のみに依拠してはならない（Q19§24C、p.2010）。

両草稿の対比から明らかなように、グラムシはヘゲモニー論の重要な刷新をおこなっている。前者では「政治的ヘゲモニー」ないし「政治的指導またはヘゲモニー」と記されており、ヘゲモニーが政治的指導と等値されていたが、後者では「政治的」が削除され「知的道徳的指導」に変更され、さらに「政治的指導」が削除されて「ヘゲモニー」とのみ記されている。つまり後者ではヘゲモニーの核心が「政治的指導」ではなく、それを含む「知的道徳的指導」であることをグラムシは強調している。「政治的ヘゲモニー」と「知的道徳的ヘゲモニー」との関係において後者の優位性を強調することは、けっして前者を軽視するものではなく、後者抜きの「政治的ヘゲモニー」はありえないこと、および前者抜きでは「知的道徳的ヘゲモニー」が「政治」、とくに「国家」変革をめぐるヘゲモニーにはなりえないことの強調であったといえよう。

このようなヘゲモニー論の重大な刷新にはいくつかの要因が影響しているが、主としてクローチェの「知的道徳的改革」論の意義への注目およびスターリンの「社会ファシズム論」をはじめとするスターリニズム問題が伏在している。

ヘゲモニー論の重大な刷新は同時にヘゲモニー主体の考察にも波及する。それを簡潔に述べれば、アプリオリかつ特権的ヘゲモニー主体とされたスターリン型政党論にたいする根本的批判であり、「反ファシズム人民戦線」型の市民社会における多元的、複数主義的ヘゲモニー主体への刷新である。換言すれば市民社会における知識人と従属的社会集団（サバルタン集団）との多様な節合によるヘゲモニー創造への転換である。このヘゲモニー論の刷新は同時にヘゲモニー主体の刷新も伴っていたのである。『ノート』の中・後期における知識人論、サバルタン論に関する考察の比重の増大はヘゲモニー論の刷新と深く関連している。

その意味で前述の両草稿の含意を要約すれば、第1に政治的ヘゲモニーから知的文化的ヘゲモニー重視へ、第2に単一（単数形）のヘゲモニー観から複数形のヘゲモニー観へ、第3に単数から複数のヘゲモニー主体への刷新（アプリオリな特権的存在としての単一のヘゲモニー主体の否定）、といえよう。

グラムシのヘゲモニー論に注目するC・ムフは、ヘゲモニー論をふまえて「多様な社会的行為者とその闘争の複数性」にもとづく「等価性の連鎖」によるヘゲモニー創出の意義を強調したが、ヘゲモニー主体の多様性、複数性という視点はグラムシのこの視点を継承したものと考えられる（この点については第9章を参照されたい）。

2　グラムシとスターリニズム

グラムシは獄中で反ファシズム諸勢力の広範かつ多様な結集のためには、ファシズムが破壊したイタリア王国憲章（アルベルト憲章）再建のための憲法制定議会の実現、つまり立憲主義の回復という民主主義的段階が必要と考え、「イタリアにおける反ファシズム人民戦線は憲法制定議会の実現にほかならない」と強調した。しかしながら、スターリンは社会民主主義をファシズムの社会的支柱として敵視する「社会ファシズム論」をコミンテルンの方針とし、それに反対する幹部を排除、追放した。グラムシにとって「社会ファシズム論」は、当面する反ファシズム諸勢力の必要性の否定のみならずコミンテルンの重大な変質（スターリニズムの深刻化）を象徴するものとして重視した。ここでは、『獄中ノート』グラムシ研究所校訂版に付されている「グラムシ年譜」を紹介しておきたい。

1928年から29年、コミンテルンは統一戦線戦術を放棄し、資本主義の相対的安定の終わりを予告し、社会民主主義のうちに反動の尖兵を見ていた（「社会ファシズム論」）。イタリア共産党はこの立場に従い、イタリアでの階級闘争の激化とファシズム体制の間近な危機を予測する。これに反してグラムシはマッテオッティ期の彼の政策を発展させて、「民主主義」段階を予測し、憲法制定議会のスローガンを示唆する。この立場は（コミンテルンの方針を支持する）同志たちの反発を買う。グラムシは討論を中止する（実際は反発どころか暴力的迫害であった）（前掲、大月①、p74）。

グラムシは、ファシズムが破壊した「イタリア王国憲章（アルベルト憲章）」を広範な勢力つまり社会民主主義をはじめカトリック勢力、自由主義派、王制派の参加にもとづく立憲主義の再建のための憲法制定議会の実現を反ファシズム人民戦線の具体的形態としたが（この主張は1937年4月の急逝直前まで一貫していた）、同時に理論的探究としては「社会ファシズム論」批判と関連するヘゲモニー闘争の具体的形態としての「陣地戦論」に関する考察を重視した（第6章を参照されたい）。前述の「年譜」においても、グラムシが「アルベルト憲章国家の諸機構に深部まで作用を及ぼし旧制度を根底から揺さぶることのできる『民主主義的段階』の必要を繰り返し力説した」と述べられている。

グラムシは「反ファシズム人民戦線」の探究を「立憲主義」の再建と関連付けて考察したが、同時にこのテーマは『ノート』中期草稿においては陣地戦論に包摂され、統合されていく。つまり統一戦線論という政治的主題は、ヘゲモニー論の理論的探究の一環としての陣地戦論に位置づけられる。統一戦線という表現をグラムシはほとんど使用していないが、その理由は連日の厳しい検閲への対処であり、またこの表現は当時のコミンテルンにおいては反ファシズム諸勢力の対等、平等の共同という含意ではなく、大半の表現が「統一戦線戦術」とされ、一時的かつ部分的な戦術的共闘ないしマヌーバー（策謀）とされていた（グラムシの論争相手であったボルディーガもマヌーバーと主張していた）。つまりそれは戦略的概念ではなく、それにたいしてグラムシは戦略としての「陣地戦」概念を重視した。

グラムシが危惧した「社会ファシズム」論について補足しておきたい。この表現は「社会民主主義にたいする敵意」の表れとして、コミンテルン第6回大会（1928年）以前から使用されていたが、それが公式方針として決定されるのは、同大会後の第10回執行委員会総会（29年7月）のことである。同大会はコミンテルンにおけるスターリンの主導権が確立した大会であり、「社会ファシズム論」はスターリニズムを象徴するものとなった。この「テーゼ」の基本的内容は、①「強大な社会民主主義政党を持つ諸国におけるファシズムの特殊な形態は、社会ファシズムである」、②「資本主義の主要な支柱としての国際社会民主主義にたいする闘争」がコミンテルン全支部の義務である、③とくに社会民主主義「左派」は「あらゆる手段で社会ファシズムの政策」を支持している、というものであった。

さらに同会議において採択された「イタリア問題に関する決議」においては、グラムシが重視した「反ファシズム闘争」における中間的段階の可能性は全面的に否定された。つまり、反ファシズム闘争における一段階として「ブルジョア民主主義的段階」を想定することは「日和見主義的な敗北主義的イデオロギー」であり、さらに「イタリア社会民主主義を、イタリア・ファシズムの政治的付属物として無慈悲に暴露すること」を強調している。また、グラムシが逮捕前から重視したカトリック勢力にたいしても共同行動の可能性を否定し、「カトリック教会に反対する闘争を強化し、教会が広範な労働者を奴隷化し、被抑圧大衆の革命運動を鎮圧するうえでファシズムと国際ブルジョアジーを援助していることを、倦むことなく説明しなければならない」と主張した。この決議の特徴は「ファシズムの社会的支柱」に「社会民主主義」ばかりでなく「カトリック勢力」を含むと断定しており、グラムシの見解とは鋭く対立するものであった（『コミンテルン資料集』⑤、1982, pp78-89, pp197-206）。

グラムシがこの「左転換」（正確にはスターリン主義的転換）に関する情報を知ったのは、長兄ジェンナーロとの面会を通じてであった（１９３０年６月）。１９３０年後半から31年にかけて、スターリニズムの理論的基礎としての「俗流唯物論」批判（とくにグラムシはブハーリンを重視した）およびヘゲモニー論の探究と関連する陣地戦論関連草稿が増大していくが、その要因には社会ファシズム論に象徴されるスターリニズム批判が存在していたことは確かといえよう。

グラムシは、「討論の自由、異論の尊重」とは対立するスターリズムの「討論の抑圧、異論の排除」にたいする厳しい批判的草稿を記している。それは「科学的討論」と題するものである（Q10Ⅱ§24B）。グラムシは「科学的討論」においては、ある見解の者を「被告」とし、その「誤謬」をあたかも「公的義務」として告発する検察官というような「法廷の審理」とみなしてはならないと強調している。

この時期、ヘゲモニーの知的文化的契機を重視する考察が増大し、前述したごとくヘゲモニー論の重要な転換、刷新がなされるのである。私はこの草稿を『ノート』におけるヘゲモニー論などの探究において重要な意義を持つものとして重視しているが、『ノート』復刻版編者のフランチョーニは同草稿がB草稿（暫定稿）であることを根拠に重視していない。つまり「特別ノート」（第10ノート以降）におけるB草稿を、それ以前のB草稿と同様の暫定的性格の草稿とみなし、前述したごとく「スターリニズム批判」を含意する新草稿であるという認識が欠けているのである。フランチョーニは「第10ノート」にB草稿が多数含まれていることを以て「第10ノート」の完成度が「第11ノート」以降に比して低いとみなしているが、この評価は一面的と言わざるを得ない。「第10ノート」のB草稿は、それ以前の暫定稿としてのBではなく、あらたに執筆された草稿であり、したがってC草稿に準じる重要性を持つB草稿であること明らかと考える。それを象徴するのが前述の草稿24Bである。なお後述するように、「第10ノート」におけるクローチェ論の基調は「討論の当事者として敬意を持って対応」し、「論争相手の立場と根拠をリアルに理解し、尊重すること」ことによって、自らもまた「イデオロギー的狂信」から自由であることを示した「特別ノート」であると位置づけることができよう。

なおグラムシの危惧は、36年以降3回にわたって強行された裁判とは名ばかりの言論テロルである「モスクワ裁判」によって現実のものとなった。ブハーリンをはじめとする多くの人士が「異端裁判」的テロルの犠牲となったことは、その後の研究によって明らかにされている。前述の草稿は「第10ノート」(1932‐1935)の前半に記されており、「社会ファシズム論」批判が重要な契機となったことは明らかである。

なおブハーリンはグラムシ急逝直前の1937年2月逮捕され、38年3月処刑された。夫人のアンナ・ラーニナはブハーリンの遺書を暗記し、戦後公表した(『夫ブハーリンの思い出』上下、和田あき子訳、岩波書店、1990)。ブハーリンが「名誉回復」したのは1988年であり、死去から50年後のことであった。

3 クローチェと「知的道徳的改革」論

(1)青年グラムシとクローチェ

すでに述べたようにグラムシのヘゲモニー論における知的文化的契機の比重の増大にはクローチェの影響が大きい。グラムシは1911年、20歳でトリノ大学文学部に入学するが(言語学専攻)、学生時代にもっとも影響を受けたのが自由主義哲学者B・クローチェであった。グラムシは獄中から義姉タチアーナ宛にあてた手紙で次のように述べている。

われわれはクローチェがイタリアで推進していた知的道徳的改革運動に全面的あるいは部分

的に参加していたのです。この運動の第一点は、近代人は宗教なしに生きることができるし、生きなければならない、というものでした。啓示的であれ、実証的であれ、神話的であれ、その他どんな形であれとにかく宗教をもたないということです。この点は、世界文化にたいして近代イタリア知識人がおこなった最大の貢献である、と私は今も思っています。これは失ってはならない市民的獲得物（conquista civile）であると思います（1931年8月17日、『手紙』③、p.13）。

イタリアのリソルジメント（国家統一運動）を推進した自由主義派から社会主義派にいたる広範な勢力は国民国家としての諸制度（議会制や普通選挙権など）や社会改革（農業問題など）については対立する見解も少なくなかったが、ヴァチカンの「政教一致」的な教権主義的介入にたいしては一致して反対していた。

当時の教皇ピウス9世（1846 - 78在位）は、1864年に有名な「謬説表（Sylabus）」を公表した。これは近代的な思想や文化を有害な誤り、すなわち「謬説」として弾劾するもので、そこには自由主義、社会主義はじめ自然主義、合理主義、宗教的寛容論まで含まれていた。また同教皇は1868年、教令「ノン・エクスペディト（不適切であるの意）」によって聖職者のみならず信徒にたいしても国政選挙のボイコットを呼びかけた。この教令は、選挙への参加は「適切ではない」という意味で、1874年にも再度布告され1905年まで継続し、普通選挙権の確立、拡充に否定的影響を及ぼし、「政教一致」にもとづく教権主義的介入の一環として、政教分離を基礎とする国民国家形成の障害となった（松本、2013, pp.50-51）。

グラムシはクローチェの反教権主義思想つまり「世俗主義」を「失ってはならない市民的獲得物」として高く評価するとともに、その「知的道徳的改革」論をヘゲモニーの知的文化的契機として重視した。グラムシはトリノで1号だけ発行された雑誌『La cittá futura（未来都市）』（1917）にクローチェの論文「宗教と心の平静」を短い序文付きで掲載したが、その序文でクローチェを「現代ヨーロッパ最大の思想家」と評価している（La cittá futura, 1982, p.21）。前掲の「手紙」の内容と合わせると、グラムシのクローチェ評価の要点が明確になり、彼が『獄中ノート』の最初の「特別ノート（第10ノート）」をクローチェ論（その表題は「B・クローチェの哲学」である）としたことの企図が明確となる。

その根拠の第1は、クローチェをイタリアにおける「知的道徳的改革」運動の推進者として評価していることである。というのは、ヘゲモニー論の知的文化的契機の探求においてこの「知的道徳的改革」論の比重は大きく増大し、ヘゲモニー論の中核的概念の一つとして位置づけられるからである。第2には、この「知的道徳的改革」論においては「宗教」問題が重要な論点となるという点である。この問題は『獄中ノート』において、ヴァチカン（教皇庁）とイタリア国家・市民社会との関係の問題から民衆（従属的社会集団＝サバルタン）の「日常意識・常識（コモンセンス）」にいたる多様な展開を示すが、その起点となったのがクローチェといえるのである。第3には、19世紀後半の国民国家形成過程において政教分離問題つまり世俗性（ライシテ）の問題はイタリアのみならずヨーロッパ諸国で複雑かつ鋭い争点となっていくが（フランスでの論争など）、この「市民的獲得物」としての「知的道徳的改革」論をヘゲモニー論の一環としてグラムシは重視したのである。

つまりグラムシは「新しい社会の構築」においても、「新しい国家の倫理的基礎となるべき伝統的・非宗教的（世俗的）な人文主義（umanesimo）に近代的でアクチュアルな様式」を与えるためにも、「知的道徳的改革」を市民社会における対抗ヘゲモニー形成の課題として位置付けたのである。

⑵グラムシと「クローチェ哲学」

グラムシは「第10ノート」の草稿で、前述のクローチェ論文のことを想起している。彼は当時「傾向的にはクローチェ主義者」であり、そのためクローチェ思想の理解が「初歩的」であり、「不適切」であったが、クローチェ思想の重要性の認識についてはこれを再確認し、「より批判的に練り上げられた形で提示すべきである」と述べている。つまりかつて「実践の哲学の最初の理論家たち（マルクスとエンゲルス）」がヘーゲル哲学にたいしておこなった「翻案（riduzione）」をクローチェ哲学にたいしてもおこなう必要があるということである。かつてマルクスとエンゲルスがヘーゲルと真剣に格闘したように（『ヘーゲル国法論批判』、『ヘーゲル法哲学批判』、1843-44）、クローチェと格闘することが「実践の哲学の適格な再興（ripresa）を決定づける歴史的にもっとも豊かな唯一の方法である」とグラムシは強調している。

彼は「実践の哲学（マルクス主義）」が直接的で実践的な活動の必要性によって「俗流化」しているが、「現在の闘争の展開がきわめて複雑な諸課題の解決を迫っており、その高い水準に到達するためにもこれは避けられない課題」であり、それ抜きにしては「実践の哲学」の創造的発展は不可能であると述べている。グラムシの脳裏にあったのは、エンゲルスの言葉であった。エンゲルスは「ドイツ古典哲学の相続人はドイツプロレタリアートである」と述べたが（『フォイエルバッハ論』、1888）、グラムシはこれを受けて「われわれイタリア人にとって、ドイツ古典哲学の相続人となるとは、クローチェ哲学の相続人となることを意味する」と述べている（Q10Ⅰ§11C、p.1234）。

さらに彼は、「アンチ・クローチェ（Anti-Croce）論」という知的プロジェクトは、かつてエンゲルスが取り組んだ「アンチ・デユーリング論」（1978）に匹敵する意義と重要性を持つであろうとし、「集団的な取り組みとしてこの課題に10年間専念するだけの価値がある」と強調している（*ibid*）。ここには「第10ノート」という最初の「特別ノート」に込めたグラムシの問題意識が鮮明に記されており、それは「ブハーリン論ノート（Q11）」と比較しても対照的である。

後者は、「俗流唯物論」の代表的論客の一人として（というのは同「ノート」がたんにブハーリン個人の理論的批判に限定できない内容を持っているからであるが）ブハーリン理論の根本的批判、批判的超克が基調であり、したがってそこには「相続」という視点は存在しないからである。『獄中ノート』

復刻版編者のフランチョーニ見解のように「第11ノート」の重要性を強調するあまり、「第10ノート」を「完成度の低いノート」として軽視することは、「第10ノート」にたいする過小評価と言わざるを得ない。

両「ノート」の優劣といった形式的比較ではなく、両「ノート」が『獄中ノート』全体の中核的「ノート」であり、前者が「クローチェの相続」、後者が「ブハーリン（に代表される俗流唯物論）批判」の「ノート」として一体的に把握することが不可欠であり、とくにヘゲモニー論との関係ではヘゲモニーにおける知的文化的契機の重要性を示す「知的道徳的改革」をはじめとする「クローチェの相続」という視点が重要であると考える。

(3)クローチェ「倫理—政治史」の意義

クローチェは人間の能動的実践の領域として「倫理—政治史」を重視した。それは社会構成体において政治的イデオロギー的上部構造にたいする経済的土台（下部構造）の機械的規定性を一面化する俗流唯物論の「経済（主義的）決定論」ないし「上部構造の下部構造への還元論」にたいして、クローチェが強い批判的見解を有していたからである。この点についてグラムシは次のように述べている。

倫理—政治史とは、国家と市民社会の活動の過程と展開におけるヘゲモニー、政治指導、同意のモメントの恣意的機械的な実態と考えられる。（中略）倫理―政治史がヘゲモニーのモメントの歴史であることは、クローチェの理論的著作全体から見出すことができる。これらの著作については具体的分析が必要である。とりわけ国家概念についてのいくつかの断片的指摘も見出すことができる（10Ⅰ§7C、p.1222）。

グラムシにとってこの「倫理―政治史」は機械的に否定すべきものではなく、それがヘゲモニーの諸モメント（倫理的、文化的、哲学的、政治的な）と有機的に関連づけられておらず、また「経済（構造）決定論」にたいする機械的批判という理論的欠陥を克服していないことが問題なのである。この点についてグラムシは次のように指摘している。

実戦の哲学は、倫理―政治史を排除するのか否か、つまりヘゲモニーのモメントの実在性を認めず、したがって上部構造における諸事実を「現象（aparenze）」としてのみ考察すべきであろうか。そうではない。実践の哲学は倫理―政治史を否定しないばかりでなく、さらにヘゲモニーのモメントをその国家観における本質的要素とする主張の中に、文化現象、文化活動、文化戦線が経済的、政治的なそれらと同様に必要であるという「評価（valorizzazione）」のなかにまさに実践の哲学の最近の発展段階があるというるのである（Q10Ⅰ§7C、p.1224）。

グラムシにとって歴史の総合的な把握とは、経済的土台（下部構造）と政治的イデオロギー的上部構造間のダイナミックな「必然的相互関係」の統一的認識であり、またそれを基礎とした文化的・政治的へゲモニーの実在的認識にほかならなかった。つまり「実践の哲学」は、歴史を「倫理―政治史」のみに還元することを不適切で恣意的なこととして批判するが、それは「倫理―政治史」を否定するものではない。

クローチェとの対立点は、「クローチェ思想の思弁的性格に求められるべきである」というのがグラムシの基本視点であった。クローチェの「倫理―政治史」の問題は、グラムシにおいては人間の実践的諸活動における「政治的イデオロギー的上部構造の実在性」、つまり「客観的、能動的な実在性」の問題へと変換される。というのは、「倫理―政治史は、経済的社会的内実と倫理的―政治的形態がそれぞれの歴史的時期の再構成において具体的に一体化される歴史的ブロックの概念を排除しているという意味で、多少とも関心を引くような思弁的な論評的記述ではあっても、それはけっして歴史ではありえない」からである。グラムシはイデオロギーの次元を含む「上部構造の客観的、能動的実在性」について、クローチェの「批判的相続」とグラムシのへゲモニー論との関係について次のように述べている。

政治イデオロギーに関するクローチェの理論は明らかに実践の哲学から派生している。つまり政治イデオロギーは実践的に形成された政治指導の手段である。すなわちイデオロギーは被統治者にとってはたんなる虚構、強いられた虚偽であり、統治者にとっては意図的かつ意識的な虚偽といいうる。実践の哲学にとって、イデオロギーはけっして恣意的なものではなく実在的な歴史的事実であり、道徳的理由からなどではなく、まさに政治闘争上の理由ゆえに、支配の手段としてのイデオロギーと闘い、その本質を暴露しなければならない。つまり被統治者が統治者から知的自立性を獲得し、実践における変革の必然的モメントとして既存のヘゲモニーを打破し、新たなヘゲモニーを創出するためにそうしなければならない。（中略）実践の哲学にとって、上部構造は客観的、能動的な実在性をもつ。つまり実践の哲学は、人間がイデオロギーを通して自己の社会的位置、したがって自己の課題を感得すると明確に主張している。このことはまさにイデオロギーの実在性の承認に他ほかならないのである。実践の哲学それ自体が上部構造であり、特定の社会集団がその社会存在について、その力について、その責務について、その将来についての認識を得る領域なのである（Q10Ⅱ§41C、pp.1319-20）。

グラムシにおける「上部構造」としての実践の哲学の実在性とは、それが「歴史と社会に内在する諸矛盾を調和的に解消しようとするものではなく、まさに諸矛盾の理論」にほかならず、弁証法的な認識という能動的な知的活動によって自己を発展させていく哲学的実践にほかならない。つまり、テオリア（理論）の源泉としてのエピステーメ（認識）に広義のプラクシス（実践）が統合されるからこそ、「上部構造としての実践の哲学」が「客観的、能動的な実在性を持つ」

といいうるのである。プラクシス（実践）の源泉はフロネシス（識見・賢慮）であり、歴史的経験にもとづく実践知、経験知であるが、グラムシはそれに加えてポイエシス（制作・創造）にかかわるテクネ＝アルテ、つまり創造的な制作的実践としての「術（アルテ）」を包含しているからこそ、グラムシの「実践の哲学」においてはこの「術（アルテ）」が必然的契機として重視されるのである。

　この点はヘゲモニー論とも深く関連している。つまりヘゲモニーの実践的契機にはフロネシス（実践知、経験知）およびアルテ（創造的・制作的実践）が含まれている。クローチェの批判的相続の検討において、グラムシは自己のヘゲモニー観を深化させる。つまりヘゲモニーとは、歴史的経験にもとづく賢慮・見識をふまえた制作的（創造的）実践（アルテ）にほかならない、というのがグラムシの一定の到達点であった。したがって「政治的イデオロギー的上部構造の能動的な実在性」という認識には、「実践の哲学」が「従属的階級に対して合意を形成し、ヘゲモニーを形成するための統治手段ではない。実践の哲学は従属階級の、つまり統治の術（アルテ）を修得しようとし、また耳の痛い真実も含めてあらゆる真実を知ることを自らの利益とする…従属階級の自己表現」（*ibid*）なのである。

　さらにここでは次の点を補足しておきたい。その第1は、「倫理—政治史の概念は、あらゆる現実主義的概念から独立しているので、部分的および表面的歴史（経済的諸力の即時的な歴史など）ではなく総合的歴史を意図するならば、歴史的発展を吟味し掘り下げる際につねに留意しなければならない歴史研究の『経験的基準（canone empirico）』とみなすことができる」という点である。つまり前述の「下部構造」還元主義や「経済決定論」的歴史認識では「総合的歴史観」にはなりえず、それにたいして「倫理─政治史」は歴史研究の「経験的基準」としての方法論的意義をもつことをグラムシが評価していることは重要である。というのはクローチェの歴史観は「実践の哲学の破壊的超克のようにみえるが、本質的には『経済主義』と宿命論的機械論に反対する表現」であるからである（Q10Ⅰ§12C、pp.1234-35）。

第2は、「実践の哲学」にとっても「思弁的方法」はアプリオリに否定すべきものではないという点である。グラムシは「実践の哲学にとって思弁的方法自体は無益ではなく、文化の発展における思想の『道具的価値』（たとえば弁証法）で豊かにされてきた。したがってクローチェの思想は少なくとも道具的価値として評価されなければならない」と指摘している。思弁的方法とは思考における対立をその統一においてとらえる思考方法であるが、グラムシがそこに「弁証法」を含めているのは重要な点である。つまり、思弁的方法には思考における弁法的契機が含まれているからこそ、それは機械的に否定されるべきものではないのである（*ibid*, p.1235）。

「経済決定論」などの機械的唯物論（グラムシは俗流唯物論を機械的唯物論とも評している）の重要な理論的欠陥である弁証法の欠如を「実践の哲学」が克服するには、「思弁的方法」に含まれる弁証法的契機を無視してはならないというのがグラムシの見解であったといえるであろう。つまり、クローチェ哲学はエピステーメ（認識）においては弁証法を駆使しているが、それを広義のプラクシス（実践）と統合し、思考活動における弁証法と「具体的社会」、「ありのままの現実」の弁証法との統一、つまり「主観と客観との統一」には成功していないというのがグラムシの見解の主要な点といえよう。クローチェ哲学との真摯な格闘こそが「実践の哲学の適格な再興を決定づける歴史的にもっとも豊かな方法である」というグラムシの言明には以上の諸点が含まれているのである。

以上の点を要約すると、「第Iノート」から「第19ノート」にいたるヘゲモニー論の発展、刷新において「第10ノート」は重要な位置を占めているという点である。第1には「知的道徳的ヘゲモニー」の「強制力」に対する優位性、つまり「支配と指導」における後者の重要性の明確化である。第2にヘゲモニーは「政治的イデオロギー的上部構造」における「能動的実践」の領域として具現される。経済決定論や下部構造への還元論はこの「能動的実践」の意義を把握することができない。第3に「能動的実践」とは広義の「プラクシス」にもとづく実践であり、そこには創造的・制作的実践としてのアルテ（テクネ）が含まれる。「被統治者が統治者から知的自立性を獲得し、実践における変革の必然的モメントとして既存のヘゲモニーを打破し、新たなヘゲモニーを創出する」ためには、被統治者（従属的社会集団＝サバルタン集団）が支配的イデオロギーを打破するだけでなく、自己の知的自立性獲得のための創造的実践が必要となるというのが、グラムシのクローチェとの格闘から得た到達点といえよう。

グラムシは「自律的で高度な文化のための闘争」の必要性をクローチェから継承し、「従属集団（サバルタン）が現実的に自立的（autonomo）かつヘゲモニー的（egemone）となり、新しいタイプの国家を形成しようとするその時点から、新しい知的道徳的秩序、つまり新しいタイプの社会を構築する必要性、したがって最も普遍的な諸概念や最も洗練された明確なイデオロギー的武器を練り上げる必要性が生じてくる」と強調している（Q11§70C、p.1508）。従来グラムシのヘゲモニー論の検討においてはその政治的契機が重視され、知的文化的契機は軽視されてきたが、「第10ノート」における「クローチェの批判的相続」において知的文化的契機を重視する視点が明確となり、それは「第12ノート（知識人論）」を経て「第19ノート」において一定の集約がなされるのである（知識人論については第5章を参照されたい）。

第5章　知識人論

1　知識人論の構想と展開

E・サイードは『知識人とは何か』(1998) において、「社会階級ではなく知識人の存在を初めて先駆的に指摘した」として、「グラムシの先駆的な洞察」について注目している。グラムシは「第12ノート (Q12　知識人論)」においては、ヘゲモニー論における知的文化的契機の重要性および市民社会でのヘゲモニーの多様な次元の創造、普及、伝達、修復などにおける「ヘゲモニー装置の要員」としての知識人に注目し、ヘゲモニー創出に有機的に関わる知識人を「有機的知識人」として重視した。Q12は3篇の草稿Cが収録された、完成度の高い「特別ノート」である。Q12は初期草稿から後期草稿におけるヘゲモニー論の重要な刷新を示す内容である (第4章を参照されたい)。

本章ではグラムシ知識人論の現代的意義と関連する次の2点について検討したい。それは、①グラムシが有機的知識人の現代的形態として注目した「フォーディズム」型知識人論、②グラムシが重視した「集団的知識人」としての政党論、つまり知識人論と政党論の相互関係の問題である。いずれも知識人論の階級還元論的認識からヘゲモニー論の次元における知識人論への発展と関連している。

第1に、グラムシは初期草稿で「一つの独立した知識人階級が存在するのではなくて、それぞれの階級が自己の知識人をもつ」として知識人の階級帰属性つまり階級還元論的な認識を示していたが(Q1§44A、p.42)、Q12の第1草稿においては、知識人と社会集団との関係が単線的なものではなく、したがって社会集団への直接的帰属性という認識を刷新している。「知識人は自律的かつ独立的社会集団であるのか、あるいは各々の社会集団が固有の専門化された知識人層を有しているのか? これまでの様々な知識人層の現実的歴史的形成過程が多様な形態をとってきただけに、この問題は複雑である」(Q12§1C、p.1513)。前述のQ1草稿と比較すれば、その相違は明らかである。

とりわけグラムシが重視するのが、経済構造の変化と「有機的」に結び付き、かつ「社会全般の組織者」として、あるいはその専門的諸部門の担い手としての「有機的」知識人の問題である。つまり政治的、社会的、文化的、経済的「ヘゲモニー装置の担い手、要員」としての知識人の問題である。このようなグラムシの着想は「フォーディズム」型知識人の検討から得られた点が少なくない。

また青年期から影響を受け、『ノート』においても最も重要な知識人として評価している哲学者クローチェからも影響を受けた点も少なくない。彼の知識人論の形成にはこの2点が重要な意味を持っている。ここでは「フォーディズム」型知識人の問題および「知識人と政党」問題について検討したい（クローチェについては第4章を参照されたい）。

2 フォーディズムと知識人問題

グラムシはH・フォードの著作に関心を持ち、「Q1プラン」の主要論題の一つに「アメリカニズムとフォーディズム」のテーマを記していた。グラムシにとってフォードのような新しいタイプの企業家は、「聖職者」的知識人と異なる次のような特質を有している（Q12§1、pp.1513-14）。

①企業家は「一定の指導的、技術的能力（すなわち知的能力）を特徴とする高度な社会的洗練を代表」しており、経済活動以外にも一定の技術的能力（「大衆の組織者」、「信頼の組織者」など）が求められる。

②起業家は「工業技術者、政治経済学者、新たな文化と法の組織者等」つまり自己の活動と有機的に結びついた知識人層を作り出す。この知識人層は、たんに経済の領域だけでなく、「社会と政治の領域においてもその同質性と固有の役割についての自覚」を社会集団に対して与える。③企業家とくにそのなかのエリート層は、自己の活動の総体から国家組織に至るまでの「社会全体の組織者」としての能力が要求される。あるいはそのような活動を担いうる「要員」（専門家）を「選抜する能力」が求められる（松田、2013）。

サイードも注目しているごとく各領域、各次元で増強される諸ヘゲモニー装置には大量の「専門的」知識人を必要とする。グラムシは、フォーディズムにおいては「ヘゲモニーは工場から発芽する」としてフォーディズム型企業が経済組織ばかりでなく、それ自体がヘゲモニー装置であることを強調している。グラムシはフォーディズム型企業の「合理化」推進に各分野の専門家（知識人）が組織され、その権威主義的秩序（資本による労働の実質的包摂）が推進されたことを、「説得（高賃金、各種の社会福祉、巧妙なイデオロギー的政治的プロパガンダ）と強制（地域的な労働組合組織の破壊）」とが接合され、「国の全生活を生産を軸として回転させて、生産と労働を合理化」することが可能になったと述べている（Q22§2C、p.2146）。労働過程における機械的自動的動作の最大限の発展は、労働者の「知性、想像力、創意の一定の参加を必要とした職能的熟練労働の精神―身体関係を分離すること」つまり「熟練の解体」をもたらし、そのような権威主義的関係にたいする

「順応主義」の定着のための企業内教育が重視される（松田、2013）。

簡潔にいえば、「民主主義は工場の門前で立ち止まる」のである。そのために、多数の労務管理や企業内教育などの諸分野の専門家（テクノクラート）的知識人が配置される。グラムシは、フォーディズムにおける労働者の「生活管理」部門の強化に注目している。「工場内へゲモニーは工場外へゲモニーなくしては存在しない」からである。つまりピューリタン的で「家庭第一主義」なイデオロギーにもとづく社会生活・生活様式の管理が強化される。そこでは男性中心主義的な「女性の劣位」にもとづく家父長的イデオロギーの強化が目指され、したがって「女性の新しい人格形成」が「最も重要な倫理的―市民的問題」となることをグラムシは強調している。フォーディズムは男性中心主義を前提としており「民主主義は女性の手前で立ちどまる」、「女性不在の民主主義」となるのである（この点については第2章を参照されたい）。

さらにグラムシは、「フォーディズム」型知識人が企業内活動ばかりでなくロータリークラブなどの社会活動、啓蒙活動においても重要な役割を果たすことを指摘している。今日においても「フォーディズム」型知識人は企業活動ばかりではなく国家活動においてもそのへゲモニーの形成と普及において重要な役割を果たしている。

グラムシは「ノート22（アメリカニズムとフォーディズム）」において、フォーディズム型へゲモニーに対抗するのは「強制の下に、犠牲に耐えながら、この新しい秩序の物質的土台を創造しつつある社会集団」が「より高次の型の精神―身体関係」の創造、すなわち「労働及び人間の新しい型の創造（生き方、考え方、生活感覚を含む）」を可能にするような「アメリカの商標のつかない『独創的な』生活体系」を見出さなりればならない、と強調している（Q22§15C、p.2179）。そのためには支配的ヘゲモニーの影響下に置かれている従属的社会集団（サバルタン）の「自立性（Indipendenza）と自律性（Autonomia）」の形成という困難な課題（それはサバルタン集団のヘゲモニー能力の形成と関連している）に直面することになる。「知識人問題（Q12）」は「第25ノート（Q25）」における「従属的社会集団（サバルタン）」の問題へと展開する。

ここで千野貴裕氏の見解について若干言及しておきたい。同氏は「グラムシは、産業化時代に最も適合的な、合理化された人間の形を作る未来社会の原型をアメリカに見ていたのではないだろうか」としてアメリカニズムが「未来社会の原型」であると評価している（前掲『思想』2021年5月）。しかしながら、「ノート22」（16草稿が収録されている）については千野見解とは異なり、グラムシが「アメリカの商標のつかない『独創的な』生活体系を見出さなければならない」として、「アメリカニズムの克服」が「労働及び人間の新しい型の創造」にとって重要な課題になることを強調している。「ノート22」は、アメリカニズムが「未来社会の原型」になるという点にグラムシの認識の到達点があるのではなく、その逆に「アメリカニズムの克服」が主要な課題になるという点にグラムシの強調点があるというのは、「ノート22」の関連草稿の検討から明らかといえる。

なお千野は「コンフォーミズム的人間観」について言及しているが、グラムシが「アメリカにおけるフォーディズムの進展こそ、新しいコンフォーミズムが生起する機会に他ならなかった」として、「フォーディズムが工場の機械化を進めただけでなく、労働者の私生活（酒の消費や性生活）を管理するとともに賃金を上昇させ、労働の生産性向上を達成していた」と評価している。グラムシは同草稿で、フォーディズムが「説得と強制（地域的な労働組合主義の破壊）の結合」にあることを指摘しているが。千野はこの後者（強制）を無視しているのは疑問である。なお同氏の「コンフォーミズム」論にも疑問点が少なくないが、本章の課題ではないので省略する（松田、2003、第6章を参照されたい）。

3　知識人論と政党論の相互関係

グラムシ知識人論において重要なのは、知識人論の視点からの「政党論」への展開である。グラムシは、知識人論の考察において「最も関心をひく問題は、近代政党、その具体的起源、その発展、その形態に関するものである」として、社会集団・有機的知識人の形成・政党の相互関係に関して次の2点を強調している（Q12§1C、p.1521）。第1に、主要な社会集団にとって政党は「党自身の有機的知識人層を精錬するための固有の様式」にほかならず、第2に、この有機的知識人層は「所与の社会集団の全般的性質とその形成、生活、発展のゆえに、もはや生産技術の領域においてではなく、政治的・哲学的領域において直接的に形成されざるを得ない」という点である（Q12§1C、p.1521）。

前述したごとくグラムシ知識人概念の「拡張」の端緒は、「フォーディズム」型へゲモニーと関連付けられていた。しかしながらここでは「生産世界」との関係は否定されてはいないものの、「生産世界＝下部構造」からは直接的かつ自然発生的には形成されず、「上部構造」の一環たる知的・文化的領域（政治・哲学など）においてしか「形成・精錬」されえないことを、つまり「上部構造」の次元においてしかありえないことをグラムシは強調している。したがって「政党論」も知識人論の一環として「政治的・イデオロギー的上部構造」に位置づけるのである。

グラムシ政党論の特徴は、短絡的な「階級還元論」的な政党論ではないことは明らかである。「政治的・イデオロギー的上部構造」の次元におけるへゲモニー創出を担う政治集団、とくに知的・文化的へゲモニーの生成・発展のための知識人を養成する政治組織である。「政党」は、その構成員がすべて知識人であることはありえないが、「有機的知識人」育成のための「知的・教育的機能」が最重要の「組織的指導的機能」となるのである。グラムシは政党を「集団的知識人」として特徴づけているが、それは「知的・教育的機能」を重視した表現である。

グラムシが政党の知的文化的へゲモニー機能を重視するのは、それとは対立し、乖離する異端審問的「イデオロギー的狂信」の深刻化（スターリンの「社会ファシズム論」など）にたいし、「異論の尊重」つまり「論争相手の立場と論拠をリアルに理解し評価」するための知的文化的へゲモニーが必要不可欠であることを強調するためであった（Q10Ⅱ§24B、p.1263）。グラムシは政党を「集団的知識人」として特徴づけているが、それは政党におけるイデオロギーとヘゲモニーとの相互関係において後者を重視するという視点の表明であり、また前者への一面化は「イデオロギー的狂信」の陥穽、つまり「イデオロギーの牢獄」に陥りやすいことを、スターリン的「社会ファシズム」論およびスターリニズムの深刻な実態から看取したからであった。

またグラムシは、政党のヘゲモニー能力が未成熟な段階で、政党以外の知識人（哲学者クローチェなど）や新聞が「政党的」機能を担う局面が生じることをたびたび指摘しているが、それは政党が「世論」形成において主導的役割を発揮できず、その意味でヘゲモニー政党としての未熟さの反映であった。グラムシは新聞などのマスメディアにおける知識人の役割について多面的に考察しているが、それは世論形成におけるマスメディアと知識人の役割への注目とともに、政党のヘゲモニー形成能力の水準や弱点の検討のためでもあった。

たとえばこの点では、政党以上に世論形成に大きな影響力を発揮したクローチェ（クローチェの著作を読んだことのない多数の「クローチェ主義者」の存在など）に関する草稿が「第10ノート（クローチェ論）」に収録されているが、それはクローチェの知的文化的影響力が個々の政党を凌駕するほどであったことを示すものであり、同時に政党における知的文化的能力の重要性を示唆するものであった（第4章を参照されたい）。

さらにグラムシは、各種出版物（彼は数種類の新聞や定期刊行物を購読していた）や支援者（義姉タチアナや親友のスラッファなど）からの情報によって、「集団的知識人」としての政党というグラムシ的認識とは乖離する深刻な事態が急激に進行しつつあることを危惧していた。それを象徴するのが「第13ノート（マキァヴェッリ論）」における「官僚制」と題する草稿である。長文草稿であるが、その要点は次の諸点である。

第1に、政党における組織論としての「有機的集中制（centralismo organico）」には表面上の表現とは異なる「支配のプログラム」が隠されているという点である。それは「セクト的で狂信的な、純粋に一方的な立場であり、支配（通常は無謬の教皇といった、唯一の個人の支配であり、これによってカトリック教は一種の教皇崇拝に変質してしまった）の綱領を隠ぺいする可能性があるものの、そのような綱領を、意識的な政治的事実として、直接隠蔽しているようには見えない」（Q13§36CQC、p.1633）。A・レプレは『囚われ人 アントーニオ・グラムシ』（2000）のなかで、「この文章はカトリック教を共産主義で、教皇をスターリンと置き換えることによって、はじめて理解可能となる」と指摘しているが、重要な指摘である。レプレは「ソ連やコミンテルンや党への批判を含む場合」、その危険性を考慮して「暗号化」や「カムフラージュ」による表現方法を使用したことを具体的に指摘している（レプレ、2000, p.208）。

同草稿でグラムシは、政党の「官僚的集中主義」が政党の真の「有機的集中制」の反対物に転化することを指摘している。つまり「有機性は民主的集中制にのみ存在する」ものであり、それは活動的な「集中制」であり、「現実的運動に対する組織の持続的な適応」であり、「下部からの加圧（spinte）と上部からの指導（comando）との融合」であり、「官僚制のなかに機械的に硬直するものではない」からである。グラムシが政党を「集団的知識人」と特徴づけたのは、以上のような「民主的集中制」にもとづく表象であるが、「官僚的集中制」は「集団的知識人」としての政党を弱体化させ「活動的な集中制」を形骸化させることを指摘している。

さらにグラムシは「民主的集中制」は「弾力性のある定式」であり、それは「表面上の同一性のなかの差異」あるいは「表面上の差異のなかの同一性」を識別し、同質的なものを組織し、結合させることで可能になると述べている。それは「理論と実践の間の、知識人と人民大衆との間の、指導者と非指導者との間の有機的統一」の必要条件であり、また「弾力的定式」の必要条件でもあるとグラムシは強調している。

また彼は同草稿の末尾で、それまでの理論的考察から一転して厳しい評言を記している。彼の問題意識が端的に表出している個所である。彼はこのような「有機的統一」の観点からすれば「統一と集中の諸公式はその大半の意味を喪失」し、「官僚制的観念のなかにその毒素を含有」し、「表面的には穏やかで『静か』な『よどんだ沼』と化し、全体的関連性の欠けた個々の『統一』の機械的併存である『ジャガイモ袋』」と化してしまう、と厳しく批判している。

同草稿はグラムシがスターリンの「社会ファシズム論」などに対する批判的見解を表明した後の草稿の一つであり、スターリニズムの深刻化と深く関連している。すなわちそれは、スターリンに対する「異論」の表明者（ブハーリンら）への過酷な言論テロル・粛清の拡大（いわゆる「弾圧の雪崩」）であるが、それと同時に進行したのは「党」とは名ばかりのスターリニズムを容認し、推進する官僚主義の横行であった。グラムシが「よどんだ沼」、「ジャガイモ袋」と評したのは、官僚主義による「有機的統一」の破壊、喪失に対する批判であった（この点に関する文献は多数あるが、K・マグダーマット＋J・アグニュー『コミンテルン史―レーニンからスターリンへ』、大月書店、1998，は通史的概説として優れており、参照されたい）。

グラムシは獄中における連日の厳しい検閲やモスクワの家族のことを考慮して、慎重な表現を駆使しているが、次の草稿は「カトリック教会」というメタファー（コミンテルンを含意していることは明白であるが）を通して「有機的集中制」の意義を論じた興味深い内容である。

受動的かつ間接的な同意ではなく、能動的かつ直接的同意、したがって仮に外見上その解体と動揺が引き起こされたとしても、諸個人の参加こそがその組織の生命線となる問題なのである。集団的自覚つまり生き生きした組織は、諸個人の競合（相互刺激）を通じて統一されていくような多様性なしには形成されえないのである。「沈黙している者」もその多様性の一部であるということを述べておきたい。リハーサル中のオーケストラでは各楽器の奏者は勝手に演奏していて、それはひどい不協和という印象を与えるが、オーケストラがあたかも一個の「楽器」のごとき演奏を行うためには、このようなリハーサルは必要な条件なのである（Q15Ⅱ§13B、pp.1770-71）。

グラムシにとって「集団的知識人」としての政党、換言すれば知的文化的ヘゲモニーの創出、普及、教育を中軸とする政党というヘゲモニー論を軸とした政党論の考察は中断し、後景に退き、異端審問的イデオロギー（異論の排除など）を軸とした「官僚的集中制」型の政党論に対する批判的考察の比重が増大していく。「オーケストラ」のメタファーは「個と全体」の生き生きした「有機的集中」の表象であり、「沈黙している者」もその多様性の一部であるという言明には、スターリンの「社会ファシズム論」批判によって迫害を受け、「沈黙」を余儀なくされたグラムシ自身も含まれているといってよいであろう。

なおこの「オーケストラ」のメタファーは、マルクス『資本論』第4篇「相対的剰余価値の生産」、第11章「協業」からの示唆と考えられる。マルクスは、資本主義的生産過程において「一つのオーケストラは指揮者を必要とする。この指揮や監督や媒介の機能は、資本に従属する労働が協業的になれば、資本の機能になる。資本の独自な機能として、指揮の機能は独自な性格を持つことになる」と述べている（『資本論』大月書店版①、p.433）。グラムシはマルクスを援用しつつ、それを生きた「有機的集中制」の表象としたと考えられる。

彼は政党論をたんなる組織論としてではなく、ヘゲモニー論・知識人論の次元で深化させせようとしたが、現実の「異論排除・異端審問型」官僚制的集中制の進行は、グラムシの予測を大きく超えて深刻化していった。同草稿は「オーケストラ」破壊型の事態の進行にたいするグラムシの抗議が刻まれた草稿といえるであろう。グラムシは知識人論を媒介としてヘゲモニー論と政党論の節合を目指したが、それは未完のまま残された。現代においても政党がヘゲモニー重視の「集団的知識人」的な政治組織を目指す限り、グラムシが提起した問題はけっして過去の問題とは言い切れないであろう。

第6章　陣地戦論の形成と展開

1　「永続革命論」の再審

グラムシの陣地戦論は、「永続革命論」（機動戦型変革論）の批判的検討を起点として、『獄中ノート』の中核的テーマであるヘゲモニー論、国家論、市民社会論との相互関係の探究のなかで当初の社会変革論に実践的・運動論的視点からより理論的な次元へと深化していく。

「第1ノート」において、グラムシは「永続革命論」の理論的歴史的再検討を開始する。そこではマルクスの見解が検討される。「マルクスが1948―49年のドイツに発した『ジャコバン的』スローガンについては、その複雑な運命を考察しなければならない」（Q1§44A、大月①、p.151）。「複雑な運命」というのは、「ジャコバン主義」と「永続革命論」との関係についての理論的混乱を意味している。マルクスの「ジャコバン的」スローガンとは、ヨーロッパ主要国においてプロレタリアートが国家権力を掌握し、「少なくとも決定的な生産諸力がプロレタリアの手に集中されるまで、革命を永続にさせること」であり、「プロレタリアートの党の独立の組織化によって、一瞬たりとも民主主義的小ブルジョアの偽善的な言辞に惑わされるのを許さずに、彼ら自身が本質的な事柄を実行しなければならない。彼らの戦いの鬨の声はこうでなければならない。永続する革命を！」というものであった（『マルクス・エンゲルス全集』大月版⑦、pp.252-253）。

グラムシは晩年のエンゲルス見解をふまえて、このような急激な革命は「爆発の幻想」によるものとした。「思考様式・信条・見解における変化は、急速で全面化する『爆発』によって起こるのではなく、たいていの場合極めて雑多な『定式』に従って『継起的結合』によって起こるのである」。「爆発」の幻想は、批判的精神の欠如から生まれるとグラムシは述べている（Q 1§43A、大月①、p.123）。後述するように、グラムシはこのような「爆発幻想」（旧社会の破壊と新社会への直接的移行）が20世紀にはいっても、「ロシア革命」の衝撃もありコミンテルンの社会革命論に強い影響を与えたと述べている。

マルクスの主張の「複雑な運命」についてグラムシは主として次の点を重視している。その第1は、エンゲルスの「政治的遺言」といわれるマルクス『フランスの階級闘争』への「1895年版序文」である。エンゲルスは「48年革命」について「革命が勃発した時には、われわれすべてのものが、革命運動の条件や経過についてのわれわれの考えにおいて、それまでの歴史的経験に、とくにフランスの経験にとらわれていた」、「当時のわれわれの見解が一つの幻想」であり、「1848年の闘争方法は、今日ではどの面でも時代遅れになっている」と強調した。さらに革命は「一度の打撃」で勝利することはありえず「一陣地より一陣地へと徐々に前進する」ものであり「たんなる奇襲によって社会改造に成功することがいかに不可能であったかを決定的に証明するものである」と述べた。

エンゲルスは1895年5月に他界するが、この序文は同年3月に記されており「エンゲルスの政治的遺言」と呼ばれている（前掲『全集』㉒、pp.508-511）。同時期の書簡なども含めるとエンゲルス見解の主な点は次の点に要約できる。①「少数者革命の時代の終焉」という認識、つまり「奇襲の時代、無自覚な大衆の先頭に立った自覚した少数者が遂行した革命の時代は過ぎ去った」という点である。②エンゲルスが重視するのは普通選挙権の実現およびそれに基づく新たな政治闘争の舞台としての議会活動である。つまり選挙による労働者代表の選出及び議会活動の展開という「陣地戦」である。「ドイツの労働者は、普通選挙権はどう使われるものかを、万国の同志に示して、彼らに一つの新しい武器を、最も鋭い武器の一つを供給したのである」、「これまでは欺瞞の手段であったものを、解放の道具に変えてしまった」と彼は述べている。彼が普通選挙権の意義をたびたび強調するのは、第1インター以来のブランキ派やバクーニン派（イタリアではとくに彼の影響が強かった）の普通選挙権や議会活動の意義にたいする否定的見解の克服が急務と考えたからである。「選挙権を一つの罠であり、政府のごまかしの道具である、と見る習わしがあった」

とエンゲルスは述べているが、イタリアでは「政治にかかわるな、選挙は欺瞞である」というバクーニンの主張が一定の影響を持っていたのである。

また、19世紀後半の労働運動において重要な陣地戦的課題は、普通選挙権とならんで労働時間の短縮問題であった。たとえば、イタリアでは統一国家樹立の時期（1861年）においては「一日12時間労働制の実現」が労働運動の要求であったが、19世紀末には「10時間制の実現」へと発展し、先進的労働運動分野（機械金属産業など）で実現していった。この労働時間の法的規制や労働基本権（結社権、交渉権、争議権など）の実現にも当時のイタリア社会党の議会活動が重要な役割を果たしたのである。

さらにイタリアにおけるバクーニン主義（蜂起主義的少数者革命主義）を克服する契機となったのが、自治体（コムーネ）選挙および協同組合運動の発展であった。第1インターのイタリアでの中心的指導者の一人であるA・コスタは当初バクーニンの影響を強く受けていたが、その蜂起主義やセクト主義（少数者による秘密結社）による民衆からの遊離に批判的となり、「コムーネを獲得しよう」をスローガンに自治体選挙政策である18項目の「最小限綱領」を制定した。そこには地方自治の拡充、住民投票制の確立、自治体行政への労働者代表制の実現、協同組合の支援、女性参政権の実現などが含まれていた。1889年の自治体選挙において中部イタリアの中堅都市ラヴェンナ、イモラなどにおいて社会党を中心とする選挙ブロックが多数派となり、イタリア最初の「社会主義者のコムーネ」が誕生した。また1998年には、北部イタリアの中心都市であるミラノにおいても社会党を中心とする「左翼自治体」が誕生し、自治体問題を重視する「自治体社会主義」の潮流が発展した。

そして同時期、協同組合の運動から将来の社会構想としての「協同組合社会主義」の潮流も発展し、グラムシはこれを市民社会のアソシエーション（結社）として重視した。グラムシは19世紀後半期を「蜂起と弾圧、参政権の拡大と制限、結社の自由とこの自由の制限または廃棄、労働組合の領域での自由、ただし政治の領域での自由の否定、様々な投票形態、一院制または二院制」などを含む重層的な政治的イデオロギー的上部構造が構築され（Q１§48Ａ、p.155）、したがって対抗勢力にとっても選挙、議会、法制度などをめぐるヘゲモニー闘争としての陣地戦が不可避となる、と述べている（松田、2003、第7章を参照されたい）。

グラムシがエンゲルスの「政治的遺言」を重視するのは、レーニン没後（１９２４年）のブハーリン、トロツキー、スターリンらの見解とこの「政治的遺言」との関係に関心を持っていたからである。グラムシの関心は世界情勢認識（コミンテルンの短絡的「資本主義の全般的危機論」など）や反ファシズム統一戦線問題など多岐にわたるものであったが、同時にエンゲルス見解の継承の有無も含まれていた。

たとえばグラムシは、ブハーリンの著書『史的唯物論』（1921）を逮捕前にロシア語版とフランス語版で入手し検討したことが『手紙』などから明らかであるが、投獄後も同書を再度入手している。ブハーリンは同書のなかで「１８４８年の革命を土台にして成長してきたマルクスのマルクス主義は、社会革命、プロレタリアートの窮乏化、プロレタリアートの独裁等々に関するマルクスの学説を変化」させ、特殊な「第2インターのマルクス主義」によって歪曲されたと断定し、エンゲルスの見解を全く無視している（ブハーリン、1974, p.336）。

またトロツキーは、ロシア革命における「永続革命論」の意義について「あれこれの過渡的権力を伴った様々な段階がある」が、「これらの過渡的形態はエピソード的性格のものでしかない」として過渡的段階の独自の意義を否定し、「最小限綱領と最大限綱領との壁を破壊すること」が永続革命の「成長転化の定式」であると強調している（トロツキー、1974, p.364, p.419）。

スターリンは『レーニン主義の基礎』（1924）において、エンゲルスが重視した第2インターの諸経験を「俗物根性、裏切り」の産物として全否定した。彼は「労働者の経済的ストライキと労働組合が多かれ少なかれ『正常』に発展し、選挙闘争や国会議員団が『目も眩むほどの』成功をおさめて、合法的な闘争がひどくもてはやされ、合法的な手段で資本主義を『打ち殺そう』と考えていた時期」と断定した（スターリン、1952, p.95）。また「永続革命論」の要点は、「古い国家機関を破壊して、新しい国家機関に置き換えること」と単純化した（スターリン、1952, p.18）。

レーニンはスターリンを「粗暴すぎる人物」と評したことは有名であるが、人格的な「粗暴さ」のみならず、理論的にも「粗暴」であったことは明らかであろう。なおグラムシはスターリン見解がレーニンの『国家と革命』の聖典化にあり、そこにはレーニン自身の国家論の矛盾が伏在していると『ノート』や『手紙』で述べている。

2 『ノート』初期草稿における陣地戦論

グラムシは陣地戦について「それは（第一次）大戦後に提起された政治理論上の最も重要な問題であり、また正確に解明することがきわめて困難な問題である」と述べている（Q６§１３８B、pp.801-802）。そこには前述したように２つの要因が伏在している。１つは「エンゲルスの政治的遺言」の無視ないし軽視であり、２つにはブハーリン、トロツキー、スターリンらによる「永続革命論」（機動戦）的発想の問題である。しかしながらこのテーマを主題とする研究はきわめて少なく、いわば「周辺的」テーマとされてきた。『獄中ノート』における関連草稿は30編以上存在し、グラムシが初期草稿からこのテーマを重視したことが明らかである。初期草稿においてはガンディー、クラウゼヴィッツ、レーニンが参照され、この問題の「重要性」、「困難性」に関する認識の形成過程が明らかとなる。

ここで付言しておきたいのは大藪龍介氏の見解である。同氏は「グラムシは、いかなる理由からなのかエンゲルスの陣地戦革命論に言及していないが、新たな時代と情勢にあって、エンゲルスが説示していた陣地戦革命論に立ち返った」と述べている（大藪、2013, p.246）。同氏によれば、当初グラムシはエンゲルス見解についての認識がなかったが、ある時点から陣地戦論に立ち返ったということのようであるが、その論拠は示されていない。しかしながら、グラムシはエンゲルスの「序文」やイタリア向けの書簡について知識があったことは明らかである。たとえばエンゲルスは、社会党の指導者トウラーティに「将来のイタリア革命と社会党」と題する手紙を送っている（1894年2月）。そこで彼は「普通選挙権、運動の自由（出版、集会、結社の自由など）といった軽視してはならない非常に重要な武器」を得る可能性を指摘している。同氏はエンゲルスの名前を明記していないことを自己の見解の論拠としているが、それは毎日の厳しい検閲に対する慎重さによるものである（これはエンゲルスだけではない）。『獄中ノート』復刻版には全ページにわたって検閲印が押されており、グラムシは細心の注意を払って『ノート』を執筆している。イタリアの歴史家A・レプレは、グラムシが厳しい検閲への対抗策として「カムフラージュ」や「暗号化」した表現を使用していると指摘していることを付言しておきたい（前掲『囚われ人　アントニオ・グラムシ』、pp.208-209）。

(1)グラムシとガンディー

グラムシは「政治闘争と軍事戦争」という表題をもつ「第1ノート」の草稿で次のように述べている。「ガンディーの受動的抵抗は、ある時は機動戦となり、またある時は地下戦となる陣地戦である。すなわちボイコットは陣地戦であり、ストライキは機動戦であり、武器と襲撃戦闘部隊の秘密の準備は地下戦である」（Q1§134B、大月①、p.238）。グラムシはガンディーの『自伝』イタリア語版（1921）を読んでおり、また獄中で数種類の新聞や海外情報誌などの雑誌を購読しており（多いときは約10種の紙誌）、『自伝』の叙述は1920年までの非暴力不服従運動であるが、その後のガンディーの活動についても一定の知識があったと推定される。というのは、「第1ノート」は1929年から30年前半にかけて執筆されており、第1次不服従運動（1922年）はもとより有名な「塩の行進」（1930年3月）についても知識があったと考えられるからである。グラムシのガンディーへの関心はその後も継続し『手紙』においても『自伝』を入手したことを記している（32年5月9日、タチアナ宛『手紙』③、p.156）。

グラムシがガンディーに注目した問題意識は、「第1ノート」関連草稿の検討によって鮮明となってくる。つまりそれは政治闘争と軍事闘争との関係の問題である。グラムシは同草稿において、「陣地戦」を「機動戦」とともに民衆運動の個々の闘争形態にかかわる「戦術」的なものとして理解していた。つまり「陣地戦」は、個々の闘争形態を超えた社会変革論的な意味での戦略的概念ではなかったことは明らかである。「陣地戦」が戦略的概念へと展開するのは、クラウゼヴィッツ『戦争論』およびレーニンの検討を経てのちのことである。

(2)グラムシとクラウゼヴィッツ

クラウゼヴィッツ（1780‐1831）はプロイセンの軍人で軍事史の研究者であるが、没後刊行された『戦争論』における「戦争は別の手段における政治の延長である」などの見解は、エンゲルス、レーニンもしばしば参照している。エンゲルスは諸々の軍事文献のなかで『戦争論』

を「一等星」として高く評価した。エンゲルスの「陣地戦」の意義についての見解はクラウゼヴィッツを参照している（前掲『全集』㉑、p.356）。またレーニンも具体的な「力関係」の分析を軽視する「左派」の見解を批判して「祖国防衛」において力関係が不利な場合は「国の奥深く退却することが防衛の最も重要な手段」として、クラウゼヴィッツによる「歴史の教訓の総括」を重視すべきであると強調している（『レーニン全集』大月㉗、pp.334-335）。クラウゼヴィッツは戦争における防御を重視し「防御の目的とは何か、保持すること」であり、また「土地および地形を援護手段として援用しつつ、敵の挑戦に応じる場合の陣地は、例外なく防御陣地である」と述べている（『戦争論』第6編・第12章、1968）。

グラムシも『戦争論』を踏まえて『政治指導と軍事指導』の問題や戦争における「防御」の意義について考察している。彼は「第1ノート」において「リソルジメントにおける政治・軍事指導」の問題を歴史的理論的に考察しているが、その要点は「軍事指導はつねに政治指導に従属しなければならない。すなわち軍隊の指揮は特定の政策の軍事的表現でなければならない」として、軍事における政治の優先性を強調している。彼はその古典的事例としてカエサルの『内乱記』をあげている。さらに軍事的な意味での「陣地戦」においても、「精神力の大きな蓄えがあって初めて、大きな肉体的・神経的・精神的消耗に耐えることのできる大きな集団が行なう陣地戦では、集団の最も根深い熱望を考慮に入れる、きわめて有能な政治指導（によって）のみ解体と崩壊が阻止される」と述べ、後述するように政治的陣地戦が軍事的陣地戦に比してさらに複雑な諸要素を内包するだけに「政治の術（アルテ）」としての「きわめて有能な政治指導」が不可欠であることを指摘している（Q1§117A、p.110）。

同草稿は、リソルジメントにおいて政治闘争と軍事闘争が統一されず「義勇兵」を過大評価し、統一的な国民的運動を実現できなかった「指導諸階級のはなはだしい能力不足」の問題を批判的に分析したものであるが、ここからも政治的次元における陣地戦の構想が形成されつつあることは明らかといえよう。政治闘争において「軍事モデルに固執することは無分別である」とグラムシは述べているが（Q1§133B、p.121）、政治的陣地戦は軍事的なそれに比してもはるかに長期の「持久戦」であり、したがって「集団のもっとも根深い熱望」を考慮し、多大な消耗に耐えることのできる「きわめて有能な政治指導」、つまりヘゲモニー能力が必要とされるのである。それは「電光石火」型つまり機動戦型のヘゲモニーではなく、「塹壕や要塞」的な陣地構築型のヘゲモニーである。グラムシは「政治的な指導またはヘゲモニーを行使するには、権力と権力の与える物質的な力だけを当てにしてはならない」と強調している（Q1§44A、p.41）。

さらに中期から後期の草稿において、ヘゲモニーの政治的契機と知的文化的契機の相互関係における後者の重要性（知的道徳的改革論）へとヘゲモニー論が深化していくが、陣地戦論もそれに照応して政治的次元から知的文化的次元へと展開していくが、グラムシがとくに重視するのが知識人論、従属的社会集団論（サバルタン論）である（第5章、第7章を参照されたい）。

⑶コミンテルンと「陣地戦」問題

グラムシはこのテーマについて、その「重要性と困難性」に言及していることはすでに触れたが、コミンテルン指導者の中ではジノヴィーエフ（初代議長）やラデックをはじめとして革命的情勢は後退していないとする「攻勢理論」が優勢であった。ラデックはレーニンが出席した最後の大会となった第３回大会（１９２１年）において、「機動戦から塹壕戦（陣地戦）への移行という考えは、革命の発展段階についての誤った認識である」と主張した。同大会ではレーニンによって「労働者統一戦線」が提唱されたが、「攻勢理論」の支持者によって「統一戦線」をレーニンの構想である「労働者における多数派形成」に反して一時的戦術的なものとして限定、矮小化する傾向が根強かった。つまりそれは「統一戦線をたんに社会民主主義者の正体を暴くための策略」とする傾向であった（『コミンテルン史』、1998, p.59）。

グラムシは翌年の第４回大会（１９２２年）に参加した。イタリア代表団の中心はボルディーガであったが、彼は攻勢理論のなかでも強硬派で統一戦線の意義も極めて限定的、戦術的なものと主張していた。彼は「非妥協派」や「棄権派」と呼ばれたが、それは普通選挙権の行使や政党の議会活動の意義を「改良主義」として否認したことによるものである。したがって、「防御戦」や「陣地戦」についても「革命的攻勢」を遅延させるものとして否定した。グラムシにとってこれらの経験は、同年10月のファシズムの「ローマ進軍」というクーデターによる権力掌握および反ファシズム勢力の内部対立の激化という深刻な事態とともに、『ノート』において考察対象となるのである。前述した「エンゲルスの政治的遺言」とともに、コミンテルンにおける「統一戦線」をめぐる深刻な理論的混乱が、『獄中ノート』執筆に与えた影響は極めて大きいと言えよう。

(4) カトリックと「統一戦線」問題

グラムシはヴァチカン問題（カトリック問題）を重視しており、これに関して「第2ノート」の草稿が注目される。同草稿の表題は「カトリック・アクション。リールの紛争」であり、カトリック系労働運動の発展を背景とした資本家とカトリック系労働者との間の賃金や労働条件をめぐる紛争についての教皇庁（ヴァチカン）の「公会議聖省」の裁定文書である。この文書は、歴代教皇による回勅などの「社会教説」に関連したものである。教皇レオ13世は、1891年5月に回勅「レールム・ノヴァールム（新しきもの）」を公布した。この回勅は「労働者の境遇について」という副題を持ち「行き過ぎた工業化や資本主義の弊害について警告し、労働者の権利と尊厳を訴えたものであり、労働問題について初めて出された回勅」であった（松本、p.64）。

グラムシは教皇庁による裁定文書の意義について次のように述べている。「カトリック系労働者・労働組合にたいして経済問題で社会主義的労働者・労働組合とさえも統一戦線を組む権利を認めているところに見られるように、部分的には『社会教説』を補完するものであり、部分的にはその枠を広げるもの」であり、さらに「統一戦線の許容」は「アクション・フランセーズ（フランスの反共和主義右派の運動――引用者）への『挑戦』であり、急進社会党員や労働総同盟との緊張緩和の合図である」（Q2§131B、大月①、pp.269-270）。

コミンテルン第3回大会（1921年）におけるレーニンの「統一戦線」提唱の基本的特徴は、「資本の攻勢に対抗する共同闘争」のための労働運動の統一行動実現（8時間労働制の実現など）にむけての「3つのインター」（第2、第2半、第3インター）間の協議にあり、この協議は1922年4月にベルリンで開催された（ベルリン会議）。この会議では、各インターの方針の違いやこれまでの経過からくる相互不信などによって具体的な結論までには至らなかったが、「統一行動の必要について議論した。まさにそのことが重要な意味を持った」会議であった。

グラムシにとって「統一戦線論」はファシズム独裁体制の強化（1926年）というイタリア的現実のなかで「3つのインター」の共同行動というだけでなく、カトリック系運動との連携の可能性へと「拡張」される。つまりレーニン的統一戦線論は、『獄中ノート』初期草稿においてカトリック系を含む「反ファシズム統一戦線」の可能性の検討へと展開される。この課題は、スターリン的「社会ファシズム」論の批判的検討を含む反ファシズム勢力の広範な結集の探究とともに、中期草稿において「統一戦線と陣地戦」との相互関係の探究に移行し、統一戦線論は陣地戦論に包摂されていく。

当時の用語では前者はあくまで「戦術的」概念であり、「戦略的」概念ではなかった。グラムシはカトリックも含む反ファシズム勢力の分裂の克服、つまり「内部分裂の『不可能性』を組織するため」にも統一戦線論を内包する陣地戦論の探究を重視していくのである。それは戦術的次元を超えた戦略的意味における陣地戦の探究であった。

3　中期草稿における陣地戦論

(1)「第7ノート」における陣地戦論

グラムシは1930年末以降、「社会ファシズム論」批判などについての討論を中止するが（第2章参照）、それ以降『ノート』執筆には顕著な変化が認められる。それは陣地戦論に関する考察の深化であり、具体的には「第7ノート」草稿10A（30年末執筆）以降の一連の草稿である。同草稿は、「第7ノート」では数少ないA草稿（第1次執筆）つまり「討論中止」後に新たに執筆された草稿であり、「社会ファシズム」批判以降の彼の問題意識の深化を示す草稿として注目される。また同草稿の表題が「構造と上部構造」であることから明白なように、より理論的な考察となっている。

前述したように『ノート』初期草稿における陣地戦論が主としてガンディーやクラウゼヴィッツなどにもとづく個々の運動形態の意義の検討が主であったのにたいし、「第7ノート」草稿以降は理論的検討を主題とする一連の草稿が執筆される。草稿10Aは長文なので、要約すると次の点が重要である。つまり、経済的に発達した近代国家間の戦争において「機動戦と陣地戦」との関係が大きく変化し、前者が「戦術的機能に限定」されるようになったという軍事史的事例に触れつつ、「政治科学や政治技術（アルテ）においても、少なくとも先進諸国において同様の限定が生じた」とグラムシは述べている。「機動戦」の意義が皆無となったわけではないが、「陣地戦」の理論的意義の増大との関係で、「限定的」な意義しか持ち得なくなったというのがグラムシの見解である。彼は次のように述べている。

「市民社会」は、直接的な経済的要素（恐慌、不況など）の破局的な「侵入」に抵抗するきわめて複雑な構造となっている。すなわち市民社会の上部構造は、近代的戦争における塹壕の体系のようなものである（Q7§10A、p.860）。

グラムシが意識しているのは、前年の29年世界恐慌期における先進諸国のことである。「同様のことが大経済恐慌の際の政治にも言える」と彼は述べているが、それは資本主義の「全般的危機論」や「破局論」「自動崩壊論」などの短絡的な破局的危機論を特徴とするコミンテルンの経済決定論的認識に反して、資本主義的「市民社会」の強靭な抵抗力・防御力が顕在化したからである。つまり、「すべてを破壊したように見える敵の塹壕への激しい砲撃が、現実には防御の表面のみを破壊しているにすぎない」のである。したがって「陣地戦における防御体系に照応する市民社会の諸要素を深く研究すること」が不可欠の課題となるのである（前掲、pp.858-859）。

さらに同草稿の直後に記されるのが「第7ノート」草稿16Bである。これはB草稿（暫定稿）

であるが、草稿10Aに続く考察の一定の集約であり、かつその後の考察の起点となる重要な内容の草稿である。その主な内容は次の諸点である。

第1に「機動戦から陣地戦への転換」という認識の集約として、グラムシは次のように述べている。よく引用される草稿であるが、「陣地戦」概念の明確化という視点から見ても重要な内容である。「イリイチ（レーニン）は、1917年に東方に適用されて勝利した機動戦から、西方で唯一可能であった陣地戦への転換の必要性を理解していたように私には思われる」。グラムシは次の2点を重視している。まず先進諸国の「上部構造」の強靭さ、つまり「社会組織はそれ自身できわめて堅固な塹壕と化す能力を持っていた」という点である。次に国家権力の直線的打倒というような機動戦型（永続革命論）とは質的に異なる方式、つまり「（レーニンの）統一戦線の定式」の探究であるが、レーニンの死去（1924年）によって「この定式を深めるための時間的余裕」を持ちえなかった。したがって、「国民的土壌の解明や市民社会の諸要素によって体現される塹壕や要塞の諸要素の確定」という課題が遺された課題となったが、すでに述べたようにレーニン没後のブハーリン、トロツキー、スターリンらの「後継者」は永続革命論的（機動戦）発想を克服することはできなかった、というのがグラムシの見解といえよう（Q7§16B、pp.865-866）。

第2に「第7ノート」におけるグラムシの考察の集約といえるのが、草稿16Bの後半部分である。つまり国家構造の問題であり「国家論と陣地戦論との相互関係」についての草稿が同時期の「第6ノート」に記されるが、この「国家論の刷新」と関連するのがこの草稿16Bである。「東方では国家がすべてであり、市民社会は原初的でありゼラチン状態であった。西方では国家と市民社会との間に適正な関係が存在し、国家が動揺すればすぐさま市民社会の堅固な構造がたちあらわれた」。

後述するようにグラムシは、「第7ノート」冒頭でマルクスの独語版アンソロジー（レクラム文庫）の主要パートを翻訳・研究し、なかでもグラムシが重視した文献の一つが『経済学批判・序言』であった。彼は「政治的イデオロギー的上部構造」の理論的意義とともにその歴史的種差性（国家・市民社会関係など）に注目した。「国家はただ前線塹壕にすぎず、その背後には一連の強固な要塞と砲台が存在した」という比喩の含意は、この「政治的イデオロギー的上部構造」の重層性の問題であり、とくに強制機構としての「狭義の国家」とヘゲモニー装置を内蔵した「広義の国家」の統一的把握の重要性であった。したがって同草稿における陣地戦はたんなる「闘争形態」の問題ではなく、国家変革（国家の直接的打倒や破砕ではない）の展望と結合して構想することが不可欠な課題となるというのがグラムシの見解といえよう。その意味で、「国家論と陣地戦論との相互関連性」という視点が明確化されたのが「第7ノート」である。

(2) 「第6ノート」における陣地戦論

グラムシは『ノート』初期草稿から、国家を強制力＝暴力装置と同一視する国家論の理論的誤謬についてたびたび言及している。前述の草稿は「第7ノート」に記されたものであるが、ほぼ同時期の「第6ノート」においても、グラムシの考察を示す草稿が記されている。その一つが「第6ノート」草稿138Bである（31年9月）。グラムシは獄中で常時複数の「ノート」を同時執筆しており、同草稿が前述の「第7ノート」草稿16B（31年前期に執筆）の後に執筆されたものであることは、前後の草稿の執筆時期から明らかである。同草稿138Bの表題「政治分野における機動戦（および正面攻撃）から陣地戦への移行」から明らかなように、陣地戦に関する考察の一定の集約と考えられる。「それは（第一次）大戦後に提起された政治理論上の最も重要な問題であり、また正確に解明することが極めて困難な問題である」（Q6§138B、pp801-802）。この草稿の意義は、グラムシの探究の中心的テーマであるヘゲモニー論において陣地戦論の比重が増大しつつあることである。重要な草稿なのでその要点を示しておきたい。

第1には、陣地戦は「へゲモニーのかつてない集中」を必要とするが、それは敵対勢力に対する「攻勢」のためだけではなく、対抗勢力の「内部分裂の『不可能性』を組織するため」にも必要であるという点である。グラムシは、既存の支配的ヘゲモニーの維持、再生産にとって「対立する進歩的勢力の相対的弱点を利用すること」が重要な要素となることを再三指摘しているが（Q9§136A）、それに対抗するためにも「内部分裂」の可能性を阻止することが陣地戦という「政治技術（アルテ）」にとって不可欠であることを強調している。

グラムシのこの言明の背後にはスターリンの「社会ファシズム論」、「社会民主主義＝主敵論」、「カトリック勢力＝敵論」による反ファシズム諸勢力の分裂、対立、相互不信の増幅という深刻な体験が伏在している。このことは従来の見解においてほとんど言及されていないが、変革主体の内部矛盾を直視し「内部分裂の諸要素」の克服を探求することが、陣地戦の発展にとって軽視してはならない課題となるというのがグラムシ見解であった。実際に、イタリアにおける反ファシズム運動は共和制支持派と君主制支持派との間に深い対立が存在したが、グラムシはファシズムが破壊したイタリア王国憲章再建のため憲法制定議会の実現、つまり立憲主義の再建を主張した。「内部分裂の『不可能性』を組織する」とは、具体的には「立憲主義の回復＝憲法制定議会の実現」を意味したのである。このグラムシ見解は、友人の経済学者スラッファを通じてトリアッテイらに伝えられ、国民的反ファシズム運動における「内部分裂」の要素であった政体問題はファシズム崩壊後に国民投票によって決定するという合意が反ファシズム・レジスタンス諸派間の統一見解となり、1947年の政体決定国民投票によって共和制派が54％の支持を得て勝利し、「共和国憲法」が制定されたのである。

第2に、陣地戦は「大きな忍耐力と創造的精神」が求められる「困難な包囲戦」にほかならないとグラムシは述べている。また電撃的な機動戦（正面攻撃）から陣地戦への移行というのは軍事的な比喩であり、「政治科学・政治技術（アルテ）」にとって両者の関係は直接的ではなく間接的なものと述べているが、この草稿を端緒として政治理論における陣地戦論の本格的探究が開始されるのである。また、同草稿に先行する「第6ノート」の一連の草稿についても触れておきたい。というのは『獄中ノート』校訂版（1975）刊行後も「第6ノート」の関連草稿の研究は不十分であり、ヘゲモニー論と陣地戦論との関係についての理論的深化が「第6ノート」を起点としていることが曖昧にされてきたからである。その理由としては、この一連の草稿がB草稿（暫定稿）であり、その後の「第10ノート」以降のC草稿（A草稿を推敲した獄中での最終稿）に比して完成度が低いとみなされたことがその一因であるが、B草稿にもCに近い内容やCの推敲に影響を与えた草稿も少なくないことが看過あるいは軽視されてきたことに起因していることは明らかといえよう。ここでは草稿138Bの直前の草稿（136B、137B）について補足しておきたい。

まず草稿136Bの表題は「国民的社会組織」であり、グラムシは次のように述べている。「特定の社会の多様性において一つないし複数のそれが（政党や組織をさす――引用者）相対的または絶対的に優位性を持っており、ある社会集団の他の住民に対するヘゲモニー装置（または市民社会）を形成し、それが統治的・強制的装置としての狭義の国家の基礎をなしている」（Q6§136B、pp.800-801）。同草稿は、「第1ノート」の「国家の『私的な』横糸としての政党とアソシエーション（結社）に関するヘーゲルの学説」（草稿47B）を踏まえたものであり、グラムシはそこで「ヘゲモニー装置」としての諸アソシエーション、とくに政治的アソシエーションとしての政党の意義について言及している。「第6ノート」においては国家論、市民社会論、アソシエーション論との関連で陣地戦論が位置付けられている。グラムシの問題意識は「国家概念の刷新と拡張」と陣地戦との関連性にあり、「第6ノート」はこの論題の重要草稿が記されている。

さらに草稿137Bは要約的な内容ではあるが、そこでも「国家を統治装置のみならずヘゲモニーの『私的』装置ないし市民社会として認識することの意味」について言及しており、その直後に前述の草稿138Bが続くことからも、「国家概念の刷新」と陣地戦論との関連性は明らかと言えよう。

また後続の草稿155Bにおいても、「政治においては国家（独裁プラスヘゲモニーという意味で）に関する不正確な理解から誤りが生じる」と強調し、「政治および軍事の術（アルテ）」としての陣地戦が「戦略と戦術の結節点」であると述べている（Q6§155B、p.810）。

これらの草稿はすべて31年後半に記されており、30年末の「討論中止」（スターリンの「社会ファシズム論」批判が端緒となった）以降、グラムシの陣地戦に関する認識が大きく発展したことが明らかである。それは当初の統一戦線論的視点にもとづく陣地戦論から「国家論の刷新」との関係における陣地戦論への展開である。換言すれば「国家＝暴力装置論」を前提とする「国家の破砕」を直接目標とする「機動戦」的発想に対する根本的批判と言えよう。

(3) 「第8ノート」における陣地戦論

グラムシの考察は「第8ノート」（31－32年）においても継続されるが、それを明示するのが「国家崇拝」という表題を持つ草稿130Bである。同草稿は32年4月執筆と推定され、その意味でも「第6・第7ノート」に続く草稿であることは明らかである。「様々な社会集団の国家に対する態度。その分析は特定の時期において言語と文化を通じて国家が表現される二つの形態、すなわち市民社会と政治社会、『自己統治』と『官僚統治』を考慮しない限りは正確なものとはならない」として、「国家崇拝」が「官僚統治」型の国家観特有のものであり、したがって市民社会・自己統治の契機は無視ないし「消去」されることを指摘している。「国家が能動的文化の要素（つまり新たな文明、新しいタイプの人間と市民の創造の運動）として、諸個人（ある社会集団の諸個人）と一体化していると主張することは、政治社会の外被のなかに総体的かつ適度に分節化された市民社会を構築しようとする意志を喚起することに役立たねばならない」として、「国家崇拝」的国家観に対する批判的見地を示している。さらに、「このような市民社会においては、諸個人の自己統治は政治社会と対立することなく、むしろその政治社会の正常な継続と有機的な完成となる」ことが不可欠であると指摘している（Q８§１３０Ｂ、p.1020）。

同草稿において、グラムシの陣地戦論は「国家・市民社会論」との関連でより深化される。第1に、陣地戦は「国家論の刷新・拡張」を踏まえた「国家の変革」（国家の直接的打倒や破砕ではなく）の契機と「政治社会（国家）の市民社会への再吸収」の契機を統合する概念であるという点である。換言すれば、陣地戦は「国家変革」にも「市民社会への再吸収」にもかかわる概念であり、したがって「国家変革論」を欠落させた「再吸収論」も、また「再吸収論」を欠落させた「国家変革論」もいずれも一面的な論理にならざるを得ないというのがグラムシの含意といえよう。両契機を総合的に把握する理論的能力こそ陣地戦型のヘゲモニー論に他ほかならないというのが「第8ノート」におけるグラムシの到達点であった。この点はすでに述べたように、『獄中ノート』後期草稿において変革主体の政治的ヘゲモニーと知的・文化的ヘゲモニーの相互関係の問題として位置付けられるのである（第4章を参照されたい）。

第2に、この問題は近代国家形成の歴史的特質の問題へと展開する。グラムシは次のように述べている。

国家生活への自律的参加以前に、長期にわたる独自で自立的な文化的・道徳的発展の時期を持たなかった若干の社会集団にとっては国家主義が必要でもあり、また有益でもある時期が存在する。このような「国家主義」は「国家生活」の正常な形態、少なくとも自律的な国家生活と、それへの参加に至ってなかった時期に、歴史的に存在しえなかった「市民社会」の生成の萌芽にほかならない（Q8§130B p.1021）。

グラムシは、「国家変革」の対象としての「国家形成の歴史的基盤」の差異性の問題に注目し、広範な民衆の参加を欠いたイタリアの国家統一運動（リソルジメント）における国民国家の脆弱性を念頭に置いている（グラムシは「受動的革命」と特徴づけたが、この点は第7章を参照されたい）。「国家形成の歴史的基盤」における「市民社会的要素」の有無、強弱が無視ないし軽視されてはならないということは、前述の「国家論」的視点と「市民社会論」的視点、とくに「市民社会への再吸収論」的視点との統一的把握に基づく歴史認識が不可欠であるということである。

グラムシは「第7ノート」冒頭で、ドイツ語版のマルクス・アンソロジー（レクラム文庫）の主要文献（「経済学批判・序言」や「フォイエルバッハ・テーゼ」など）を翻訳・研究した。『獄中ノート』校訂版（1975）はこのパートを他の「翻訳ノート」と同一とみなし、校訂版から除外した。しかしながら、『獄中ノート』復刻版（2009）はこのパートを「マルクスへの回帰」とみなし重視した。たとえば「経済学批判・序言」の検討においては、「政治的・イデオロギー的上部構造」の相対的独自性の重視、つまり上部構造と下部構造との関係における下部構造決定論や還元論などの「俗流唯物論」批判にもとづく「政治的・イデオロギー的諸実践」の意義（「実践の哲学」）とともに、社会構成体の歴史的移行についての認識が後続の草稿において示される。グラムシにとって、現実的歴史とは「支配者と被支配者が、指導者と非指導者が現実に存在している」という「初歩的な事実」、「最も基本的な事実」から出発し「永久に支配者と被支配者が存在し続けることを是認するのか、あるいはこのような分裂が存在する必然性が消滅するような条件を生み出そうとするのか？　言い換えれば人類が永遠に分裂しているという前提から出発するのか、あるいはこの分裂がたんに一定の条件に対応する、単なる歴史上の一事実に過ぎないのか？」という歴史認識である（Q15Ⅱ§4B、p.1752）。

それは「第7ノート」の草稿においては、「人間社会を分裂せしめている内部矛盾の克服」をめざす人類史過程であり「政治社会（国家）の消滅と自己規律的社会（自己統治社会と同義である――引用者）の実現に至るまで、おそらく数世紀にわたって持続する歴史的時代」という認識である（Q7§33B、p.882）。グラムシにおいては「国家の死滅」問題は「国家の市民社会への再吸収」問題へと変換され、後続草稿においては、この「再吸収問題」が持続的に探究されるテーマとなる。

さらにこの問題は、後続草稿において支配階級のヘゲモニーの下で従属的位置に置かれている従属的社会集団（サバルタン集団）の政治的・文化的従属性・受動性の克服を環とする自律的ヘゲモニー形成の諸課題と関連付けられ、新たな展開を示す。つまり「ヘゲモニーと陣地戦」との相互関連性に関する草稿が執筆される。それは「被統治者が統治者からの知的自立性を獲得し、実践における変革の必然的モメントとして、既存のヘゲモニーを打破し、新たなヘゲモニーを創出する」ための探究である（Q10Ⅱ§41B、p.1319）。そこでは従属的社会集団（サバルタン集団）の「政治的受動性」の克服という「自己自身についての批判的認識」、「自己内部の政治的ヘゲモニー闘争」という知的・文化的契機が重視される。つまりヘゲモニーの政治的契機と知的・文化的契機の相互関係を踏まえた「陣地戦」の探究であり、それは「知的道徳的改革論」という主題に集約されていくのである。

その意味でヘゲモニー・知的道徳的改革・陣地戦の相互関係の探究は、『獄中ノート』後期において「従属的社会集団（サバルタン）論」の自立性・自律性獲得の問題へと展開していくのである（第8章を参照されたい）。

第7章　受動的革命論

イタリアはグラムシが生まれる30年前の1861年に、リソルジメント（国家統一運動）によって統一国家（君主制）を樹立した。グラムシはリソルジメントの歴史的特質を、広範な国民各層の能動的参加を欠いた「上からの革命＝受動的革命」と特徴づけた。『獄中ノート』にはこのテーマを論じた草稿が「第1ノート」から「第19ノート（リソルジメント論）」に至るまで20篇以上含まれている。グラムシは「受動的革命論」によってリソルジメント、すなわちイタリアにおける国民国家形成の歴史的特質を明らかにしようとし、同時にフランス革命後におけるヨーロッパ諸国の支配層のヘゲモニー問題に視点を移し、このテーマが歴史認識にかかわるだけでなく、国民国家形成の理論的認識にかかわることを重視した。

さらに、グラムシは「受動的革命」の政治過程の特徴である「トラスフォルミズモ（変移主義）」を重視した。このテーマは「受動的革命」型の国家形成において従属的・周辺的位置に置かれた従属的社会集団（サバルタン）の歴史的・理論的問題を主題とする「第25ノート（サバルタン論）」に展開していく（第8章を参照されたい）。その意味でヘゲモニー・受動的革命・サバルタン問題は『獄中ノート』の重要な構成要素といえる。

1 「ナポリ革命」と「受動的革命」論

1799年1月、ナポレオン軍のナポリへの接近、ナポリ王フェルディナンド4世のシチリアへの逃亡に乗じて、ナポリのジャコビーニ（ジャコバン派）と呼ばれる急進的知識人や青年層が蜂起し、同月臨時政府を樹立し「パルテノペア共和国（ナポリの古名）」を宣言した。しかしながら、「臨時政府が承認した唯一の法は信託遺贈の廃止に関するものであった」と評されるごとく、ナポリのジャコビーニは土地所有問題などの社会改革にかかわる諸問題では極めて穏健派的であり、結果的には旧勢力を打破するのに必要な「急進的改革の可能性」を否定するものとなった。これはイタリア中・北部の動向とは大きく異なるものであった。「中・北部のジャコビーノは共和政府に対する民衆の支持を確保するような社会保障政策を採用しようと躍起になっていた」のに対し、「南部イタリアでは、階層間に見られる深刻な対立により、農民に有利な法」の制定さえ実現されなかったのである（S・J・ウルフ、2001, p.312）。

ナポリのジャコバン派知識人であり歴史家でもあったV・クオーコ（Vincenzo Cuoco 1770 -

1823）は同革命がわずか6か月の短命で挫折した後、ミラノに亡命し『1799年のナポリ革命に関する考察』を1803年に出版した。クオーコは同書で、民衆の諸要求を直接的に反映し発展させる革命を「能動的革命」とし、それに対して民衆との緊密な結びつきを欠く革命を「受動的革命」と特徴づけた。彼は「能動的革命は民衆がより身近な利益を目指して進むので、さらに効果的なものとなる。また受動的革命においては、政府の要員が民衆の精神を推測し、民衆が期待はしても自力では獲得できないようなことを民衆に示さねばならない」と革命派と民衆との乖離の大きさを述べている（Cuoco, 1909, p.172.）。

グラムシは、フランス革命においてジャコバン派が様々な制約を打破ないし克服し「社会における私的エネルギー」を解放し、その結果「商工業の発展によって経済的基盤が絶えず拡大・強化され、下層階級からはエネルギーと創造的精神に富む社会的分子が指導階級に上昇し、社会は不断の生成と分解の過程の中にあり、分解の後にいっそう総体的な可能性を持った社会構成が継続する」と、そのダイナミックな過程を指摘しているが（Q13§17C、p.1636）、クオーコはナポリの臨時政府がフランスのジャコバン派とは異なり、ナポリ地方の諸々の封建的制度の改革を推進することができず、したがって民衆の圧倒的多数を占める労働者・農民層の能動的参加を実現することができず、短期間で挫折したナポリ革命を「受動的革命」としたのである。

ナポリ革命から約80年後の国家統計（1881年）においても、イタリア南部は農業労働者を主体とする労働者層は56・8％、自作農が11・4％、手工業者が23・2％であり、就業人口の約

81％が広義の勤労者層を占めていることからも想定できるように、土地問題などの改革が実現できなかったことは、同革命が広範な民衆層をその社会的基盤としていなかったことを示すものであった（S・ラビーニ、1977, p.159）。

2 「受動的革命」論の形成

(1)グラムシとクオーコ

グラムシは、リソルジメントにおける「政治的ヘゲモニー」の歴史的特質を検討した「第1ノート」において、「『政治的ヘゲモニー』は政権到達以前にもありうるし、またなければならず、政治的な指導またはヘゲモニーを行使するには、権力と権力の与える物質的な力だけを当てにしてはならない」としてその具体的事例を「穏健派の政策」に求めている。彼は「穏健派」によるリソルジメントの「形態と限界」を「革命なき革命」と特徴づけた（Q1§44A、p.41）。彼は同草稿に後から、「クオーコの表現によれば受動的革命」と追記している。ここでの「穏健派」とはサルデーニア王国の王であり、統一国家の初代国王となるV・エマヌエレ2世および初代首相カヴールを中心とする「上からの改革」による統一国家形成を主導した政治勢力である。同草稿は推敲されて「第19ノート（リソルジメント論）」の中心的草稿24Cとなる（第2章を参照されたい）。

クオーコに関する草稿の初出は「第4ノート」であるが、そこではイタリアの歴史的経験という次元からヨーロッパ諸国における受動的革命の意義について視点の移動が認められる。「クオーコはナポレオン戦役への反動としてイタリアで起きた革命を受動的革命と名付けた。『受動的革命』の概念はイタリアのみならず急進的―ジャコバン的な型の政治革命を経ることなく、一連の改革あるいは民族戦争を経ることによって国家の近代化を目指す他の諸国にとっても適切であると考える」（Q 4 §57 A、p.504）。グラムシの含意はジャコバン的「下からの革命」を防止するためにも「上からの革命＝受動的革命」が各国支配層にとって不可避的となるという点である。

フランス革命がヨーロッパ諸国の支配層に与えた衝撃は多大なものがあった。それは「旧体制との深い断絶」なしの国民国家形成のためには、「ブルジョアジーが深刻な打撃を受けることなく、またフランス的なテロルの装置なしに、権力に到達することを可能にする極めて柔軟な枠組み」の政治形態としてヨーロッパ諸国の「復古」現象、つまり伝統的支配層の存続の分析視点として位置付けられる（Q 10 II §61 C、p.1358）。つまり、グラムシは「受動的革命」論をクオーコに依拠しつつも、ジャコバン的な「下からの変革」がフランスのような旧体制の打破を伴う「政治革命」に発展することを抑止し「上からの改革」による漸進的な国家形成、つまり「穏健派」のヘゲモニーを示す概念へと拡張したのである。

彼は「第8ノート」冒頭の「研究プラン」において、「リソルジメントにおけるジャコバン主義の欠如」を記しているが、同時にこのテーマは「国民国家」形成過程における「穏健派」ヘゲモニーの特質を示す概念として位置付けられる。換言すれば、クオーコにおいては「受動的革命」

の受動性に力点が置かれていたのに対し、グラムシは「革命」の質つまり「（下からの）革命なしの（上からの）革命」の特質に焦点が当てられたといってよいであろう。

グラムシは「サバルタン・ノート（ノート25）」において、国民国家の形成過程で国家形成の能動的主体ではなく周縁化・従属化される従属的社会集団（サバルタン集団）の受動性から能動性への転化、つまり同集団が支配的集団からの自立性（Indipendenza）と同集団内部における自律性（Autonomia）形成の問題を多面的に検討し、サバルタン集団における能動性形成のためには自立性と自律性の契機が不可欠であることを強調している。

(2)リソルジメントと「受動的革命」論

グラムシは「第19ノート（リソルジメント論）」の中心的草稿である「イタリアにおける国民および近代国家の形成と発展における政治指導の問題」（Q19§24C）において、前述の「第1ノート」の草稿を発展させつつ長文の草稿を記している。その第1は、カブールによって代表される「穏健派」とマッツィーニやガリバルディを指導者とする共和主義的な「行動党」との比較である。「穏健派は比較的同質的な社会集団を表現しており、それゆえ彼らの指導はさして大きな動揺は生じなかった」のだが、「行動党は特定の歴史的階級に特に依拠するものではなく、その指導部が被った動揺は結局のところ穏健派の利益に沿って収拾されたのである」と述べている。

グラムシの脳裏にあったのは1860年10月、11月の二度にわたるエマヌエレ2世と「リソルジメントの英雄」ガリバルディとの会見およびそれに至る経過であった。とくに11月7日の会見ではナポリ、シチリアなどの南部におけるサルデーニア王国への併合に関する住民投票の結果として王国併合が圧倒的多数で承認されたことを国王に報告したガリバルディは、併せて自身の要望として両シチリア王国の1年間の統治権の委任および彼に従った義勇軍の正規軍への編入を求めたが、いずれも拒否されたのである。統一国家を主導するヘゲモニーを掌握しているのは誰かをこの二人の会見は明白に示したのであり、ガリバルディは国王の（またカヴールの）「掌中」の人物と化していたのである。彼は失意のうちに居住地のカプレラ島に隠遁した。彼が「インターナショナル（第1インター＝国際労働者協会をさす――引用者）は未来の太陽である」という有名なメッセージを発するのはそれから12年後の１８７２年のことであった（藤澤房俊、2016）。

グラムシはリソルジメントにおける国民国家形成過程のヘゲモニー関係分析の「方法論的基準」について、「ある社会集団の優位性は2つの形態つまり『支配』および『知的道徳的指導』として具現される。支配は、ある社会集団が敵対的集団を、武力得をもちいても『一掃』ないし克服させようとする形態であり、指導は近親的集団と同質的集団に対する形態である」と述べている（Q19§24C、p.2010）。グラムシにとってリソルジメントは、「受動的革命」としての国民国家形成過程の認識を深化させるとともに、理論的にはヘゲモニー論における文化的契機、つまり「知的道徳的改革」の重要性を明確化する場となった（第4章を参照されたい）。

彼は穏健派のヘゲモニーの特質に注目して次のように述べている。「穏健派はどのような形態と方法でその知的・道徳的・政治的ヘゲモニーの装置（メカニズム）を確立し得たのだろうか？それは『自由主義的』といいうる形態と方法とによって、つまり『分子的』、『私的』な個人的発意（イニシアティブ）によってである」（Q19§24C、p.2011）。つまり受動的革命は、諸個人の私的発意に基づく「自由主義的経済」の促進と関連しており、したがって受動的革命の変革は同時に受動性を生み出す社会・経済構造の変革と密接に関連しているというのが、グラムシの視点であった。

(3) 「受動的革命」と「トラスフォルミズモ（変移主義）」

トラスフォルミズモ（変移主義）

1882年の総選挙において、76年以来政権を担当する「左派」のデプレーティス首相は、左右両派が多数派形成のため「変移（トラスフォルマツィオーネ）」して協力することを提唱した。選挙後に左右両派の提携によって議会多数派が形成され、デプレーティスは1887年まで政権を維持した。これ以降、「変移主義」は「政策の一致よりも各議員の個別利害の取引によって多数派を形成する慣行として、こののち代々の政府に受け継がれ、イタリアの政治を特徴づける現象となった」のである（北原敦、2008, p.423）。それはまた「明確に規定されたプログラムを持つ諸党派に代わって個人を主体とする流動的な議会集団を形成し、彼らに対してもっぱら地域的、派閥的な利益を保障する見返りとして政府に対する支持を取りつけるという政治手法」であった。つまり「社会が停滞して政治的変化が抑制されたことから直接生じた現象」であった（ウルフ、前掲書、p.865）。

グラムシは、１９３２年６月６日のタチアナ宛手紙で次のように述べている。「１８１５年以降のイタリア史全体を研究してみれば本来反体制的であった大衆運動から生まれたすべての政治的人士を、少数の指導グループが自己の陣営内に系統的に取り込むのに成功しているのがわかります。１８６０年から76年までにマッツィーニとガリバルディの行動党は君主制によって吸収され、あとに残ったわずかの残党は共和派として生き続けはしましたが、それの持つ意味は歴史的―政治的であるより民間伝承的なものでした」（『手紙』③、p.170）。

グラムシにとって「変移主義」は、「受動的革命」と関連する穏健派へゲモニー形成における「政治技術（アルテ）」としての特質を示す概念である。彼は「穏健派は、１８７０年および76年以降も行動党を指導し続けた。いわゆる変移主義とは知的道徳的へゲモニーを確立する行動の議会レベルでの表現にほかならなかったのである。１８４８年以降のイタリアの国家生活は一貫して変移主義をその特徴としている」と述べている。また「穏健派は同盟集団から，あるいは和解不能な敵に見えた敵対的集団からさえも、その積極的人士を引き寄せ、徐々にかつ持続的に彼らを吸収し、また効果的な様々な方法で自己の影響下に獲得し、彼らの枠組みのなかでより広範な指導階級を育成した」と述べている（Q19§24C、p.2011）。

グラムシは「受動的革命」・穏健派へゲモニー・変移主義の相互関係をリソルジメントの政治

過程で重視しているが、それは「敵対的集団からのエリートの吸収が、これらの集団の頭部（指導部）の喪失、また多くの場合長期にわたる無力化をもたらしたがゆえに、この政治指導は支配機能の一側面に転化した」として、敵対的集団の強制的抑圧ではなく政治的懐柔のもつヘゲモニー機能を重視している（Q19§24C、p.2011）。このことは政党政治が能動的社会集団から乖離した場合、政治社会と市民社会との有機的関係が衰退し、政党政治における支配層の政治技術（アルテ）である「変移主義」が常態化することを示している。

「大きな政治と小さな政治」

グラムシの「変移主義」論はリソルジメントつまり国民国家形成過程において、広範な社会的基盤に依拠していない国家における議会政治の「定式」を示すものであり、したがって「国家（政治社会）と市民社会」との有機的関係ではなく、逆に「国家と市民社会との乖離」を含意している。

彼は「大きな政治と小さな政治」を表題とする草稿で次のように述べている。「大きな政治（高度な政治）、小さな政治（日々の政治、議会政治、ロビー活動の政治、権謀的政治）。大きな政治は新国家樹立に関連する諸問題、特定の具体的な経済的・社会的構造の破壊、防衛、防御のための闘争に関連する諸問題」を含むが、「小さな政治」は「部分的日常的な諸問題」に関連しており、「すでに確立した構造内部での同一の政治的階級の諸分派による支配権のための闘争」を意味する。しかしながら、「大きな政治を国家活動の内部から排除し、すべて小さな政治に還元しようとすることは大きな政治」にほかならない（Q13§5C、pp.1563-64　合④、p.69）。

グラムシは「変移主義」型のヘゲモニーと「カエサル主義」型のヘゲモニーを対比している。後者は「指導者原理」によって「国家と市民社会との乖離」を権威主義的に超克・再編しようとするヘゲモニー形態であるが、イタリアの国民国家形成過程を特徴づけるのはカエサル主義的権威主義体制への志向ではなく、反体制派の「変移」による穏健派の改良主義的ヘゲモニーの維持、強化を目指す「変移主義」的過程であったというのがグラムシの見解であった。彼が「変移主義」に注目するのは、この問題が「受動的革命」が内包するヘゲモニー関係の具体的様相を示しているからである。

その意味で「変移主義」は既存の国家・社会構造の枠内での社会進化論的な改良主義的ヘゲモニーの重要な契機となり、またそのようなヘゲモニーの「政治技術（アルテ）」となったのである。したがってサバルタン集団にとって、「大きな政治」を矮小化し「小さな政治」に変換するヘゲモニーに対抗するには、「小さな政治」に内包される「大きな政治」（国家論にかかわる政治）の諸契機を自らの対抗ヘゲモニー形成の起点とすることが求められるのである。今日においても「大きな政治」「小さな政治」の逆説的関係は常態化しているといえよう。それは「国家・市民社会」関係における市民社会の受動性の打開・克服の問題でもある。

第8章　サバルタン（従属的社会集団）論

1　千年王国運動

「第25ノート（サバルタン論）」の第1草稿は、19世紀末のイタリアの千年王国運動の指導者ダヴィデ・ラザレッティが表題となった長文の草稿である。ラザレッティ（1834‐78）は、フィレンツエを中心都市とする（同市はローマ遷都以前の首都であった）トスカーナ地方の山間部のモンテ・アミアータのアルチドッソで生まれた。彼はリソルジメント運動（国家統一運動）に参加し、共和制の実現を期待したが、サヴォイア王家中心の国家統一やリソルジメントに消極的なヴァチカン（教皇庁）批判の傾向を強め、「千年王国運動」の指導者として民衆の広範な支持を集め、1878年「共和制と神の王国」の実現を掲げ蜂起したが、憲兵隊によって射殺された特異な人物である。

彼はサヴォイア王家主導のもとでの「受動的革命」的国家形成やヴァチカン（教皇庁）にとって「危険人物」であった。というのは「上からの革命」を主導する支配層にとって彼のような下からの民衆的な抵抗、反乱、蜂起は、既存のヘゲモニーを脅かす危険要因であったからである。つまり、「上からの革命」の遂行にとって「下からの抵抗、反乱」の真の要因を隠蔽し、歪曲することが支配層のヘゲモニー遂行のための必要条件となることをグラムシは重視した。彼はラザレッティ運動にたいして支配層が「このような不満の爆発の個々の事例に対して個別的、個人的、フォークロア的（民間伝承的）、病理的等々の説明を与えることによって、１８７０年以降のイタリアの全般的な不満の原因を隠蔽しようとするものであった。同様のことがイタリア南部や島嶼部の『義賊・匪賊』についてもより大規模に生じたのである」と述べている（Q25§1C、pp.2279-80）。

ラザレッティの蜂起を鎮圧し、彼を殺害した政権当局が恐れたのは「この運動の中で共和主義的傾向と宗教的・預言者的要素が奇妙に混合」しており、つまり宗教的要素と共和主義的傾向との結合により農民層のなかに共和主義的傾向が拡大することを当局は恐れ、ラザレッティの抹殺を遂行した、とグラムシは述べている。ラザレッティは、君主制に反対した「英知と博学の人」オノリオ・タラメッツリ（ミラノの司祭）から共和制についての教示を得た。ラザレッティが掲げた旗には、赤の地に「共和制と神の共和国」と記されていた。彼が殺害された8月18日の行進の際に、彼は信奉者に共和制を要求するか否かを問うた。答えは熱狂的な「Si（イエス）」であった。彼は「共和制は今日から始まり、世界へと広がる。しかしそれは1848年の共和制ではなく、神の恩寵の戒律を受け継いだ法の規律による神の王国であろう」と答えた。グラムシは、ラザレッティの思想が当時の社会主義的要素とカトリックの教義が混合していることに注目した。

ラザレッティの運動や蜂起が広く知られるようになったのは、英国の歴史家E・J・ホブズボームの先駆的研究によって、イタリアの千年王国運動の代表的事例の一つとして紹介されて以降のことである（E・J・ホブズボーム、1989）。彼は、ラザレッティ主義が「純粋な」千年王国運動としての特質を持つこと、つまり「神の啓示により、天からの御告げにより、奇跡によって、それがおのずから実現するのを期待している――とにかくそれが突発するのだと期待している」運動として特徴づけている。その意味で「政治革命」的特質をもつ運動や両者の中間的特質を持つ運動との差異をホブズボームは重視している。彼もラザレッティ主義の共和主義的要素を全く否定しているわけではないが、その「革命的性格」を一面的に過大評価することには批判的であり、この点はグラムシと共通している。

グラムシは支配層の「上からの国家形成」に抵抗・反乱・蜂起した被支配層＝サバルタンについて否定的イメージ（野蛮性、病理性など）の形成、普及において指導的役割を果たした知識人チェザーレ・ロンブローソに注目している。

2 チェザーレ・ロンブローソの「犯罪人類学」

C・ロンブローソ（1836－1909）は、ラザレッティの「千年王国運動」について「異常者の犯罪」と断定し、政府にも影響を及ぼした学者である。グラムシはロンブローソについて、ラザレッティの千年王国運動やイタリア各地での民衆の抵抗運動などについて、「集団的な出来事の根源およびその広がりや集団性の理由を研究するのではなくて、その出来事の主人公だけをとりあげ、検証されてもおらず、また様々な解釈が可能な諸動機を重視して、その人物の病理的伝記の作成に限定する」と述べ、「社会的エリートにとってサバルタン諸集団の人々は常に何らかの野蛮さや病理性をもっているとみなされるのである」と指摘している（Q25§1C、p.2279）。

ロンブローソは、イタリアにおける犯罪人類学および犯罪社会学のいわゆる「イタリア学派」の祖とみなされているが、彼は北イタリアの古都ヴェローナでユダヤ人の家庭に生まれ、パドヴァ大学医学部で学位を得て、のちにトリノ大学医学部の法医学教授に就任した。彼の犯罪研究の特徴は犯罪現象の社会的要因の分析よりも犯罪者の人類学的要因（遺伝的要因など）を重視するところにあり、「生来性（生まれつきの）犯罪者論」と呼ばれる（P・ダルモン、1992, 第2章参照）。

彼はとくに人類学的要因と犯罪との関係を重視した。そして、通常の犯罪者のみならず千年王国運動や「義賊・匪賊」と呼ばれた農民層の反乱を、公的権威（サヴォィア王家や教皇庁）の正統性を批判、毀損するものとみなし、その社会的・政治的矛盾を無視する「生来性犯罪者」によって引き起こされたものと断定して、王政や教皇庁の正統性に対する「異議申し立て」の意義を不問にしたのである。つまり彼の見解の特異性は、公権力や教皇庁に不信感を持ち反抗した人間も「生来性犯罪者」に含めていることである。

たとえば、当時の教皇ピウス９世はフザレッティの主張を危険視し、権力による弾圧を黙認した。ピウス９世は１８６４年に「謬説表」を回勅付属文書で公表した。そこでは汎神論、自然主義、合理主義などの神学的異端のみならず、政教分離問題はじめ教皇権に対する世俗権や思想・信条の自由などの基本的人権が「誤謬」として否定された。また自由主義、社会主義なども思想的誤謬として批判された。さらに同教皇は、１８６９年に「教皇不可謬性」を宣言した。これは政教一致における教皇の絶対的権威を主張するものであった。また国政選挙において聖職者、信者に対して投票ボイコットを呼びかける教令「ノン・エクスペディト」（選挙に参加するのは相応しくない、の意）を発して、国民の90パーセント以上を占めるカトリック信徒の選挙権行使を否定した（松田、2013, 第Ⅱ章、参照）。

ラザレッティの主張は宗教的異端とみなされただけではなく、政教一致を根幹とする教権主義にとっても危険なものとみなされたのである。なお興味深いことに、定評のある『岩波キリスト教辞典』（岩波書店、2002）にはピウス９世についての項目は存在しない。同教皇の特異な主張が教皇庁の歴史にとっても、「ノン・エクスペディト」（相応しくない）ものであることを暗に示したものといえよう。

ロンブローソは、ラザレッティとその運動に強い関心を抱き、彼の見解は世論形成に強い影響力を及ぼした。彼は、犯罪者は先天的にその肉体的、精神的要因によって規定されており、それは実証的方法によって明らかにできると著書『狂人と異常者』で主張したが、グラムシは次のように述べている。

これは時代の文化的流行であった。集団的な出来事の起源やその普及および集団性の諸々の原因を研究する代わりに、その中心人物だけを切り離し、論証もされずまた多様な解釈があり得る動機にしばしば依拠して、その病理学的伝記を作成することに限定するものであった。つまり社会的エリートにとって従属的社会集団（サバルタン）の成員は常に何らかの野蛮さや病理性を有しているとみなされるのである（Q25§1C、p.2279）。

グラムシにとって犯罪現象を含む社会問題についてのロンブローソの影響力は、それが「実証主義的方法」によるものと主張しているだけに無視できないものであった。というのもロンブローソは、ラザレッティ運動の社会的意義を無視し「異常者の犯罪」として矮小化し抹殺しようとする支配層の言説に、「科学的」体裁を与えたからである。ロンブローソによれば、「生来性犯罪者」の類型には「政治的犯罪者」も含まれる。「パリ・コミューン」の参加者からリソルジメント運動の指導者マッツィーニ、ガリバルディ、さらにマルクスやエンゲルスなどもこの類型の人物とされる。彼はラザレッティを「宗教的狂人」あるいは使徒（イエス・キリストの福音伝道のための弟子）タイプの「偏執者」と呼んでいる。ロンブローソの見解は統一国家形成期の社会的諸矛盾の表出にほかならないラザレッティ運動や南部、島嶼部における民衆の抵抗、反乱、蜂起などの真の社会的・政治的原因を隠蔽し、それを個人や集団の「病理性」へと矮小化するものであった（藤澤房俊、1992, 第Ⅳ・第Ⅴ章参照）。

また前述したごとく、ラザレッティ蜂起の際に掲げられた旗は赤地に「共和制と神の王国」というスローガンが記されていた。未分化な形であれリソルジメントが達成しえなかった共和制、民衆参加を意味する「赤旗」、さらに教皇庁への不信（普通選挙への参加の禁止など）を象徴するものであったといえる。王政派や教皇庁が、この蜂起の真相を隠蔽し、それを指導者の特異な性格や病理的要因に転嫁しようとしたのは、それが支配層の正統性の根幹を揺るがす可能性をもった運動であったからにほかならない。

ゼノフォビアとエスノセントリズム

ロンブローソの思想は、その後直接的にも間接的にも人種主義的人間観やゼノフォビア（異民族憎悪）、エスノセントリズム（自民族中心主義）に影響を与えた。20世紀初頭のアメリカのリベラルな社会学者W・G・サムナーは、近代国家における多様な国民形成（人種、民族など）において内集団と外集団との緊張関係が深刻化することに注目し、「我々集団内における同志の交わりや平和の関係と、他者集団に対する敵意と闘争の関係は、相互に関係しあっている」と述べ、「集団への忠誠、そのための犠牲、外部の者に対する憎しみ、内部に対する兄弟の愛情、外部に対する好戦性」は表裏一体であると指摘した。この場合、内集団の構成員はＷＡＳＰ（白人、アングロサクソン、プロテスタント）であ」り、外集団はネイテイブ・アメリカン、アフリカ系・アジア系の人々である。内集団の価値観の賞揚は外集団に対する軽蔑、憎悪の要因となり、「よそ者を殺すこと、略奪すること、奴隷化することこそ善行となる」と述べた（W・G・サムナー、1975, pp.20-21）。

マルチ・エスニック社会の進行とエスノセントリズム——この場合支配的集団としてのＷＡＳＰとの確執は激化し、ゼノフォビア、ヘイトクライム（憎悪犯罪）の要因となることは多くの事例研究が明らかにしている。ロンブローソの短絡的主張がレイシズムやエスノセントリズムと結合したとき（内集団の優越性と外集団の劣等性など）ヘイトクライムの引き金になるのである。

ナチス・ドイツからアメリカに亡命した社会学者Ｔ・Ｗ・アドルノも広範な社会調査にもとづいて、アメリカにおいても「内集団の権威ある人物に対しては、これを称賛し、追従しようとし、そして無批判的であろうとするのに、外集団の人々に対しては、何らかの道徳的権威の名によって懲罰を加えようとする態度を示す」権威主義的傾向が存在することを指摘している。彼はそれを「人種排外主義尺度」と特徴づけ、「ファシズム尺度」と共通する要因を内包することを強調した。その特徴は、内集団に対する権威主義的従属、外集団に対する権威主義的攻撃であり、外集団の諸価値を非難し、排除し、処罰しようとする傾向である。その人間観は「破壊性とシニシズム」、「人間性一般への敵対、悪意」であると述べている（T・W・アドルノ、1995, pp.54-55）。

現代社会においてもゼノフォビアや、イトクライムの芽は陰湿に蔓延しつつある。また支配層のヘゲモニーは民衆＝サバルタンの知的啓発に向けられるのではなく、「民は由らしむべし、知らしむべからず」という愚民政策的国民観が根強い（グラムシはこれを退嬰的ヘゲモニーと名付けている）。「愚民政策」について『広辞苑』では「為政者が民衆を無知の状態に陥れて、その批判力を奪おうとする政策」と記されている。サバルタンにとって支配層の「退嬰的ヘゲモニー」に対抗するためには、その従属性（サバルタン性）を自律性へと質的に変換するための知的文化的ヘゲモニー闘争が求められているといえよう。

3　サバルタン論の方法論的探究

グラムシはサバルタン論が前述したワザレッテイ蜂起という個々の事象の分析だけでなく、サバルタン集団の受動性からの脱却、能動性の獲得という課題の理論的探究を主題とした2編の草稿を記している。「サバルタン・ノート（Q25）」の第2、第5草稿がそうであるが、グラムシの問題意識がより明瞭に示された草稿である。

まず「方法論的諸基準」と題された第2草稿（Q25§2C）であるが、これはQ3の草稿14A

に大幅な推敲が加えられた草稿である。その要旨は次のとおりである。

①従属的社会集団の歴史は必然的に断片的かつエピソード的である。これらの諸集団の活動は、たとえ一時的なものにせよ統一に向けた傾向が存在することは疑いないが、この傾向は支配的諸集団のイニシアティブによって常に破砕され、したがってこの傾向が明確となるのは一定の歴史の周期が完結した場合、それもこの周期が成功を以て終結した場合である。

②この集団は常に支配的諸集団のイニシアティブの下におかれ、それは反乱や蜂起の場合においても同様である。それゆえ「恒久的」な勝利のみが、それ即時的なものではないが、従属性を打破するのである。実際この集団が勝利しているように見える場合においても。これらの集団は不安定な受動的状態におかれているにすぎないのである（この真実は、少なくとも１８３０年までのフランス大革命の歴史によって論証できる）。

③したがって、同集団の側からの自律的イニシアティブのためのあらゆる痕跡が総合的な歴史認識の形成にとって極めて重要な価値を有している。しかしながら、このような歴史はモノグラフによってしか扱えず、このようなモノグラフのためには収集することが困難な大量の資料を必要とする（Q25§２C、pp.2283-84）。

グラムシがリソルジメント運動などの歴史的理論的研究から得た基本的視点は、第１に支配層からの自律性の獲得つまり受動性・従属性の克服は、部分的・一時的なものではなく、長期の困難な過程となるという歴史認識が不可欠であるという点である。第2に、サバルタンの自律性を求めるカウンター・ヘゲモニーは、支配層のヘゲモニーによって絶えず破砕され「断片的・エピソード」的なものにならざるを得ない。つまり、サバルタンは即自的・自然発生的には自らの「歴史」を持つことができない。第3に、したがって「断片的・エピソード的」諸要素を、サバルタン諸集団の「自律性」のための闘いの痕跡として位置付け評価することが重要な意味を持つ。というのは、支配層の「歴史＝正史」にはサバルタンのこの苦闘の歴史は包含されず、または断片的なエピソード的なものとしか「記録」されないからである（ラザレッティ蜂起はその代表的事例である）。

グラムシは第5草稿において、ヘゲモニー集団とサバルタン集団との関係についてリソルジメント運動が多くの教訓を含むことを強調している（わが国では「明治維新史」に相当するであろう）。彼は、「歴史研究の多くの基準は、民族的なリソルジメント運動を指導したイタリアの革新的諸勢力の考察から形成することが可能である」、「これらの諸勢力は、他の諸勢力と戦いつつ、援軍や同盟軍に支援されて権力を掌握し、近代国家に統一されたのである。国家となるためには、ある勢力を従属させ、またある勢力を排除しなければならなかったし、他の勢力からの積極的あるいは消極的な同意を得なければならなかったのである」として、「正史」から排除され、あるいはエピソード的なものと記された「サバルタンの闘争の痕跡」を包摂する「総合的な歴史認識」の必要性を強調している（Q25§5C、pp.2286-87）。

さらに「総合的な歴史認識」のためには、サバルタンと市民社会および国家との関係という視点が不可欠である。「サバルタン諸階級の歴史は、市民社会の歴史と交錯しており、市民社会の歴史の、また市民社会を媒介とする国家と国家群の歴史の『断片的』で非連続的な一関数なのである」と、グラムシは指摘している。

4 「自然発生性」をめぐる問題

サバルタン集団の従属性から自律性の獲得に向けての過程は、「中間的諸局面や、諸々の局面の組み合わせ」によって複合的であり単線的ではない。歴史認識にとって重要なのは、そのような複合的過程に注目し、「ソレル的な『分裂の精神』のいかなる表れに対しても注目すべきである」とグラムシは述べている(*ibid.* p.2288)。G・ソレル(1847-1922)はフランスの急進的サンディカリストであり、労働者のゼネラル・ストライキなどの直接的行動を重視した。彼は「資本主義がプロレタリアートを反抗へと向かわせる」のは、資本主義の「全過程の土台にあるのが、資本主義の強制力」にほかならないことを述べている(『暴力論』(上)、2007, pp.148-149)。「労働者の魂を絶え間なく支配する反逆の熱情、仮にそういうものがあると想定しなければ、資本主義による支配の消滅を思い描くことはできない」とも強調している(同(下)、p.233)。

グラムシは、サバルタン集団の従属性の克服過程、自律性の形成過程に注目し、その意味でソレルよりは広い意味で「分裂の精神」に注目している。つまり、従属性から自律性獲得の過程における自然成長性と自発性との関係である。それはソレルにおける「分裂の精神」、「反逆の熱情」の契機がいかにして自律性の獲得へと展開していくか（サバルタンのサバルタン性の克服過程）という問題に深く関連している。

この点に関してグラムシは「初期ノート」から強い関心を抱き、重要な草稿を記している。それは「Spontaneità」に関する草稿である（Q3§48B、pp.328-332）。「Spontaneità」は「自然成長性」という含意もあり、また「自発性」という含意もあり多義的な内容を持っている。グラムシは「この表現の定義は多様である」と述べている。というのは、「この表現に関連する現象が多面的である」からである。つまり「自然成長性」から「自発性」の形成に関する過程は多様であり、単純化できないというのがグラムシの見解である。同草稿は長文なので、その要点は以下のとおりである。

①グラムシの考察の出発点にはレーニンの『なにをなすべきか』（1902）からの示唆がある。グラムシは同書の仏語版（1925）を入手して検討している。同草稿は、自然発生性と意識的指導を機械的に対立するものと捉える傾向（俗流唯物論が想定されていることは明らかである）を批判し「『純粋な』自然発生性などというものは歴史上存在しない」ことを歴史的かつ理論的に分析した興味深い内容であるが、そこでは明らかに「『自然発生的要素』とは本質上、意識性の萌芽

形態に他ならない」というレーニンの視点が共有されている（『レーニン全集』⑤、1964, p.394）。「自然発生的要素」の多様性および「意識性の萌芽」という視点は、サバルタン問題を考える際に重要な視点となる。グラムシは「自然発生的要素」つまりサバルタン集団の「日常意識＝常識（コモン・センス）」の水準と「意識的指導」を機械的に対立させるのではなく、両者の有機的結合によって前者のなかの意識的要素を発展させることを強調し、「この必要性は、イリイチ（レーニン）の理論のなかに少なくとも暗黙のうちに含まれていた」と述べている。つまり「自然発生性」と「意識的指導」およびその「原理（Disciplina）」との統一は、サバルタン集団に「理論的自覚」を与え、彼らを「歴史的価値の創造者、国家の創造者」とするための必然的契機なのである。

②グラムシは「自然発生的な運動」の無視ないし軽視は、重大な結果を引き起こすと述べている。なぜなら、それは「支配階級右派の反動的運動」を助長する契機となる場合が多いからである。「抽象的理論に合致する運動だけが現実性をもつ」という見方は誤りであり、「現実はきわめて独特な諸々の組み合わせに富んでおり、理論家はこの独特さのなかに自己の理論の確証を見いだし、歴史的生活の諸要素を理論的な言語に『翻訳』しなければならない。それとは逆に抽象的な図式に従って現実を捉えてはならない」とグラムシは強調している（Q 3 §48B、pp.328-329）。グラムシが重視したのは「自然発生性」の内実の多様性が持つ意味であり、それがサバルタン集団の「日常意識＝常識」と深く関連しているという点であり、さらに自然発生的要素

を内包する具体的な歴史的現実や「常識」として言語化されている諸要素の「理論的言語への翻訳」の重要性である。サバルタン集団の従属性から自律性形成に向けての歴史的過程には、この「常識」の「理論的言語への翻訳」という課題が浮上してくる。グラムシの仮説は「古い枠組みにおいてではあるが、サバルタン諸集団の自律性を主張する組織」から「サバルタン集団の総合的な自律性を主張する組織」についての検討課題を挙げている。しかしながら第5章において述べたように、「集団的知識人」としての政党という理念は、スターリニズム型（異端審問型）イデオロギー政党への変質によって「サバルタン集団の常識の理論的言語への翻訳可能性」を現実化する能力を喪失したのである。しかしながら、サバルタン集団がいかにして自律性を獲得し、ヘゲモニー集団として自己形成していくかという問題は、サバルタン論において「最も重要な問題の一つ、最も重大な困難の一つ」であるとグラムシは強調している。そこには、ヘゲモニー能力の一環としての「常識の理論的言語への翻訳可能性」という問題が含まれている。

③わが国の一般的理解では「自然成長性（自然発生性）」についてはその否定的意味が強調され、「自然発生性的要素とは本質上意識性の明芽形態に他ならない」という視点や「自然発生性の無視ないし軽視がもたらす否定的影響」についての認識が欠落している（『社会科学総合辞典』新日本出版社、1992、他）。つまり、自然成長性と目的意識性が二項対立的に把握され、前者の多義性・多様性が軽視されている。その意味ではグラムシのサバルタン集団の日常意識・常識の多様性

と「理論的言語への翻訳可能性」の重視とは対照的である。それは市民社会における多様かつSpontaneitá（自然発生的かつ自発的な）におけるサバルタン集団の抵抗、抗議、異議申し立てへの注目にほかならない。現代のサバルタン集団においてはC・ムフが重視するように伝統的階級的要因のみならず市民社会における人種、エスニシティ、ジェンダー、環境、平和等々の多様な争点が形成されており、自然発生性と自発性・目的意識性の関係がより重要性を増しているといえよう。その意味で、サバルタン論と市民社会のとの多様な接合に注目することが重要であり、ムフの「等価性の連鎖」（第9章）もこの点と深く関連しているといえよう。

第9章　C・ムフの「左派ポピュリズム」論とグラムシ

多様かつ複雑な要因を内包するポピュリズムの本質を解析するのは複眼的思考が必要である。アメリカの政治学者Y・モンクとJ・カイルは、この難問に接近するために「ポピュリスト統治に関する包括的なデータベース」を構築した。というのは「ポピュリズムの本質を異なる三人の学者に問うても、異なる五つの回答を得ることになるのは必至」だからである。この調査から「ポピュリスト統治」について明らかになった点は次の点である。①エリートや「アウトサイダー」は「真の人民」の利益に背いており、②ポピュリストは、「真の人民」の声であるからにして、その進む道を妨害してはならない、という点である。具体的には1990年以降に33の国家で46のポピュリスト指導者・政党が権力を把握したが、「ポピュリズムと民主主義との緊張関係」においてて「ポピュリストは権力維持に長けており、民主的制度に切迫した危険をもたらす」ことが明らかになった。

同論文の共訳者でもある吉田徹は「多くの国でポピュリズムはもはや日常と化し、民主政治における危険分子というより『今、そこにある危機』と認識されるべきものとなった」と指摘している。吉田はポピュリズム理解のための3つの論点を提起している。それは、①権威主義的価値観にもとづく右派ポピュリズムは「法の支配やマイノリティの人権」を脅かし、リベラル・デモクラシーを危機にさらす。②それにたいして左派ポピュリズムは、むしろ民主主義の活性化につながるという見解で、それを代表するのがムフの議論である。③ポピュリズムが既成政治を危機に晒しているというよりも、既成政党の凋落による空白をポピュリスト政治家が埋めている（「ポピュリスト統治がもたらすもの」、『世界』2019年4月）。

この章の主題であるシャンタル・ムフの『左派ポピュリズムのために』（2019）はコンパクトな著作ながら、彼女のこれまでの研究をふまえ上述の諸点にかかわる密度の高い刺激的な内容となっている。本書は、E・ラクラウとの共著『民主主義の革命』（2012）や、ムフの理論的核心の一つである「闘技的民主主義論」を論じた『政治的なものについて』（2008）などをふまえた展開となっており、その意味でこれまでの理論的成果をふまえた実践的問題提起の書といってよいであろう。

また彼女は1970年代に研究者としてのキャリアをグラムシ研究からスタートし（Gramsci & Marxist Theory, Edited by C.Mouffe, RKP, 1977）、グラムシの意義と限界（ヘゲモニー論など）についての考察を持続的に行なってきた。前述のラクラウとの共著の序文においても、ヘゲモニー構築のための「ヘゲモニー闘争への回帰」を強調しており、同書におけるグラムシのヘゲモニー論の詳細な検討は、グラムシの継承と発展（「ポスト・グラムシ」的視点）という点でも今日的意義は失われていない。ムフ自身、近著のPodemos, In the name of the people（Inigo Errejon & Mouffe, 2016）においても、グラムシのヘゲモニー論および陣地戦と機動戦の相互関係について自己の見解を明快に述べている。本書においてもその視点は継承され、ポピュリズム現象へのヘゲモニー論的介入の可能性が主題となっている。つまり、ポピュリズムとヘゲモニーとの「節合」はいかにして可能か？　という視点である。本書においても、左派はポピュリズムにたいしてイデオロギー的視点ではなく、ヘゲモニー論の一環として位置付けることの必要性にたびたび言及している。とくに後述するように、「等価性の連鎖」抜きのヘゲモニー形成は不可能であり、その意味でグラムシのヘゲモニー論の刷新につながるテーマでもある。ムフ自身、「グラムシ継承」とともに「グラムシを超える」ポスト・グラムシ的視点について、これまでの著作でたびたび言及している。

本章ではムフのポピュリズム論の前提としての「闘技的デモクラシー」に触れておきたい。

1　「闘技的デモクラシー」

ムフはグラムシのヘゲモニー論と民主主義論との節合という視点から、『政治的なものについて』において重要な問題提起を行っている。彼女の基本的な視点は明快である。それは民主主義をめぐる議論においては、「対立する利害と価値観のすべてを融和に導く制度を立案」することではなく、「たがいに異質でヘゲモニーを争う複数の政治的プロジェクトが対決」することを可能にする「活気に充ちた『闘技的な』公共領域の創造」の構想こそが急務であり、それこそ「民主主義が効果的に作動するための必須条件である」という点である。したがって、「対話」や「討議」さらには「合理的な合意形成」に関する議論も、この「闘技性」と関連付けるという点がムフの一貫した視点といえよう。いいかえれば、民主主義・闘技性・ヘゲモニーの内在的連関こそ「政治的なもの」の根本的構成要因といえるのである。

ムフの議論の基点は「政治」と「政治的なるもの」の区別であり、とくに「存在論的」レベルにかかわる後者が重視される。彼女にとって「政治的なるもの」とは、「自由と公共的な討議空間」というアーレント的な解釈ではなく、「権力、対立、敵対性の空間」にほかならない。したがって、「政治的なもの」の構成において「敵対性の次元」こそ不可欠な契機であるというのが、彼女の一貫した強調点であり、それは「民主主義における闘技性」の重視と連動するのである。ムフは自己の見解が「政治の領野におけるリベラリズムの中心的欠陥――敵対性の打ち消しがたい特質を否認すること――を白日の下にさらすことである」と述べているが、それは社会が直面している諸問題を「政治的に思考できない理由が、リベラリズムの有無を言わせぬヘゲモニーにある」と考えるからである。

さらに、「敵対的な次元における政治的なものを否認する」リベラリズム批判においてムフが重視するのが、カール・シュミットの『政治的なものの概念』である。それは「シュミットにとって政治的なものの基準、すなわち種差的差異は、友／敵の区別のうちにある」からであり、したがって「対立と敵対性」なしにはありえないからである。つまりシュミットに依拠することで、「敵対性の抹消」の不可能性という視点が明瞭となるのである。

彼女は、「シュミットとともに、シュミットに抗しつつ」思考することを自らの課題としている。それは、シュミットの意義とともにその限界を認識し、「友／敵の区別を（シュミットとは）別のやり方で理解すること、すなわち民主主義的な多元主義と齟齬をきたさないやり方」を提示することにほかならない。多元主義的民主主義と「敵対性の抹消不可能性」との両立は、「シュミットに抗しつつ」いかにして可能かという問いが浮上してくるのである。

ムフにとって、この両者を節合するのが「ヘゲモニー（的実践）」である。「あらゆる秩序は政治的であり、なにかしらの排除の形態に依拠」するのだが、「抑圧されているが、それでもふたたび現れることが可能な、別の可能性がひそんでいる」からこそ「ヘゲモニー的実践」が可能となりまた必要となるのである。

彼女が強調する「闘技的民主主義」とは、「権力諸関係の付置」（それはヘゲモニックな支配・被支配関係にほかならないが）における非和解的・非調停的な「敵対するヘゲモニー企図の間の闘争」であり、それは現前する敵対的な次元をふまえつつ「対抗者が受容している一連の民主主義的手続きによる制御」の下における支配的ヘゲモニーに対する多元的なヘゲモニー闘争のことであり、それゆえに多元的民主主義と「敵対性の抹消不可能性」との節合が理論的にも実践的にも可能となるのである。この両者の節合を重視するのは、ムフのポピュリズム論とヘゲモニー論との関連においても重要な視点となるからである。

2 「ポピュリスト・モーメント」について

ムフは『左派ポピュリズムのために』の主題が、「新自由主義的なヘゲモニー編成の危機と、この危機からいっそう民主的な秩序が構築される可能性」の検討にあることを序論で述べている。既成ヘゲモニーと対決するカウンター・ヘゲモニーの形成における「民主主義の根源化」のためには、「階級本質主義」的認識の克服が急務であった。つまり、階級的主体とそれに還元されえない多様な社会的主体（ジェンダー、マイノリティ、エコロジーなど）の諸要求を「等価性の連鎖」によって節合する「根源的で複数主義的なデモクラシー」の追及こそがカウンター・ヘゲモニー構築における中核的テーマであることの表明であった。

しかしながら、ラクラウとの共著『民主主義の革命』で想定された右派ポピュリズムの台頭に対抗しうる左派勢力の自己刷新は不発に終わり、「民主主義の根源化」のプロジェクトは挫折した。つまり、右派に限定されない多様なポピュリズムの台頭は、「新自由主義ヘゲモニー」の危機の反映であり、それは「少数者支配（オリガーキー）」つまり既得権益層に反対する多様な「人民的」抵抗という新たな闘技性＝政治的フロンティアが形成されてきたのである。

彼女の見解の核心となるのは「ポピュリスト・モーメント」（第1章）である。その要点を簡潔に示すと以下の諸点が重要である。

①民主政治を構成する平等と人民主権の理念の回復、およびそれらを深化させるための戦略的視点としての「左派ポピュリズム」論の提示。つまり「民主主義の根源化」とポピュリズム論との節合。

②この戦略は、分断された社会において、社会がヘゲモニー実践を通じて言説的に構築されているとする「反−本質主義的な理論的アプローチ」にもとづいている。

③「ポピュリスト・モーメント」は、新自由主義的なヘゲモニー編成の危機にたいするカウンター・ヘゲモニー構築の契機であり、したがって新自由主義的ヘゲモニーにたいする「多様な抵抗の表出」つまり抵抗の多様性を重視する。

④新自由主義的なヘゲモニーによる社会統合の深化によって「様々な社会的プロジェクトが対抗するための闘技的空間」が消滅し、市民が政治的決定にたいして影響力を行使する議会や諸機関の役割が「劇的に後退」し、民主主義の根本理念である人民主権が弱体化した。

⑤ギリシャのシリザ、スペインのポデモスなどは「ポピュリスト・モーメント」を左派ポピュリ

ズムの源泉としつつ、「社会運動と政党政治の相乗効果」を促進し、既得権益層の少数派と人民との間の政治的フロンティアつまり「闘技的空間」を再構築することで人民各層の共感・支持を拡大した。

⑥右派ポピュリスト政党の支持者にたいするアプリオリな否定的態度は無益であり、むしろ「彼らの要求の源泉に、民主的な核を認めること」が重要である。

⑦左派ポピュリズム戦略は、民主的諸要求を、「少数者支配という共通の敵に立ちむかう人民」を構築するための集合的意志形成の一環として重視する。分断された「人民」諸階層――労働者、移民、不安定化した中間層からLGBTなども含む――の民主的諸要求のあいだに「等価性の連鎖」を確立することがこの戦略の不可欠な契機となる。

⑧その意味で「闘技性の回復」と「等価性の連鎖」は、民主主義の根源化を可能にする「新しいヘゲモニーの創出」の必要条件である。

ムフは繰り返し、「労働者階級の諸要求を犠牲にして、新しい運動の諸要求を特権化しているのではない」という点を強調している。つまり、前者の要求を新しい運動の要求に「節合」することが「等価性の連鎖」にもとづく「根源的で複数主義的なデモクラシー」にとって不可欠な契機となるという点である。「多様な社会的行為者とその闘争の複数性」という視点は、アプリオリな特定の「特権的行為者」の想定とは共存できず、むしろ、それは「等価性の連鎖」にとっての弊害となるという点である。彼女は、その見解を歪曲する「不誠実な読者」の存在を示唆しているが、我が国における議論の建設的発展のためにも、この点は留意しておく必要があるであろう。

等価性ぬきの複数性はありえないことは明白である。あるとすれば複数性がアプリオリに不均等な複数性（特定主体の特権化など）として誤認されている場合であるが、その場合は諸主体間の真の「等価性」は成立不可能となる。また闘技性は、この「複数性と等価性の節合」抜きには成立しえないことも明白であり、したがって「等価性の連鎖」こそ闘技性（闘技的民主主義）の前提条件であるといってよいであろう。

3 「ポピュリストなき権威主義」

ムフの理論的・実践的問題提起を建設的に受け止めるうえで、政治学者・中野晃一の論考は注目に値する（「見過ごされるポピュリストなき独裁」、『世界』前掲号）。中野は我が国の現状を「対米追随型の権威主義化」、「ポピュリストなき独裁」の深化と特徴づけている。彼はアメリカの政治学者S・レビッキーとD・ジブラットの共著『民主主義の死に方―二極化する政治が招く独裁への道』（2018）における「独裁主義の四つの危険な行動パターン」をふまえ、「独裁主義のリトマス試験紙」として次の4点を指摘している。それを要約すると、①ゲームの民主主義的ルールの拒否、②対立相手の正当性の拒否、③暴力の許容・促進、④対立相手（メディアを含む）の市民的自由の抑圧、である。中野も指摘しているように、以上の諸点が当時の安倍政権の政治手法と重なることは明らかであろう。

しかしながら、同上の「危険な行動パターン」が想定しているのは、「既成政党の正当性」を否定し、それを非民主主義的かつ非国民的として攻撃する「ポピュリストのアウトサイダー」である。このことは前述のモンク／カイルの研究からも明らかである。

中野は、「日本における自由民主主義の危機を見落とし、ポピュリストのアウトサイダーの出現を未然に阻止したまま世界でも珍しく安定的な安倍政権に、自由主義的な国際秩序を支える大きな柱としての役割を期待するような」論調に警鐘を鳴らしている。彼は安倍政権による「上からの権威主義化」という反民主的な行動パターンを、「ポピュリズム」とは無縁な保守エスタブリッシュメントの「インサイダー」たる世襲政治家やエリート官僚によって推進されたものと特徴づけている。さらに、このような「上からの権威主義化」がより上位の「権威」である米国に従属しつつ、対米従属型の権威主義化として進行しつつある、と指摘している。つまり権威主義化と対米従属化は表裏一体であり、中野はこのような我が国の現状を「ポピュリストなき権威主義化」と特徴づけている。

ムフの「民主主義の根源化」（ラディカル・デモクラシー）の核心としての「等価性の連鎖」と中野の「新自由主義」への対抗としての「リベラル左派」結集における「他者性の尊重（リスペクト）」

――とくに新旧勢力のリスペクトと共鳴――とをいかに「節合」していくか？　がムフの提言を我が国の現状変革の展望形成に生かしていくうえで重要な視点となるであろう。中野は、「市民社会の側から政党政治を変えていく動きが世界的に広がっている」こと、つまり「市民社会のボトムアップ」に注目しているが、これはムフにも共通する視点である。その意味で「左派ポピュリズム」論は、ポピュリズム論の枠を超えて、我が国における「民主主義の根源化」、「闘技的民主主義」の議論を深化させるための提言として積極的に位置付けるべき内容と言えよう。

新聞報道によると、国連の関連団体による「世界幸福度調査」で、日本は過去最低の58位となった（ちなみに韓国は54位）。日本は健康寿命で2位、1人当たりGDPで24位であったが、人生の選択の自由度は64位、寛容さは92位となっている（朝日新聞、2019年3月21日）。自由度や寛容性は人間の「尊厳」と深くかかわる要素であり、その意味で我が国は自由、寛容、尊厳がリスペクトされない国へと劣化の速度を速めている。このような劣化を防止し、カウンター・ヘゲモニー構築に向けて、ムフや中野の提言をふまえた建設的議論の活性化が求められているといえよう。

筆者は、『民主主義の革命』から本書にいたるムフおよびラクラウの民主主義に関するメッセージを次のように理解している。つまり現代は「民主主義擁護」の陣地戦から「民主主義の根源化」（ラディカル・デモクラシー）のための機動戦の時代に移行しつつあるという点である。それはまたヘゲモニー論における「ポスト・グラムシ」的視点への移行と考える。グラムシは「政治分野における機動戦（および正面攻撃）から陣地戦への移行」という草稿において、「それは（第一次）大戦後に提起された政治理論上の最も重要な問題であり、また正確に理解することがきわめて困難な問題である」と述べた（第6章を参照されたい）。「民主主義擁護」から「民主主義の根源化」においては機動戦・陣地戦の関係も多様化、多元化せざるを得ない（ジェンダーや環境問題など）。両者の関係は、グラムシの時代とは異なった意味で「きわめて困難な問題」であることは明らかといえよう。つまりこの点においても「等価性の連鎖」という視点――この場合「機動戦を包摂する陣地戦」あるいは「陣地戦を包摂する機動戦」という意味であるが――が必要になるであろう。

おわりに

『獄中ノート』完全復刻版（全18巻、2009）および国家的事業としての全著作のナショナル・エディション（国家版）の刊行開始によってグラムシ研究は新しい段階に移行しつつあるといっても過言ではない。『ノート』校訂版（1975）は全4巻であったが、復刻版は全18巻と充実した内容であり、各「ノート」のみならず、各重要草稿もその執筆時期、背景など詳細な執筆過程が述べられており、「ノート」の作成過程や「外部」（とくにコミンテルンの動向やソ連におけるスターリニズムの進行など）との関係など、より正確に理解できるようになった。「復刻版」編者のフランチョーニはグラムシの独房を「グラムシ工房」と名付けたが、「工房」での「ノート」執筆におけるグラムシの探究がリアルに描かれている。「未完の市民社会論」という着想も『ノート』校訂版および復刻版検討のなかから生まれてきたものである。

しかしながら、本書で取り上げることのできなかったテーマも少なくない。とくにN・ボッビオの市民社会論およびJ・テクシェとの論争についてはグラムシ市民社会論への関心を惹起した論争であり、早い時期に筆者の考えを述べたいと考えている。ボッビオ、テクシェ両氏はすでに他界されているが、復刻版を踏まえればこの論争の意義を継承しつつグラムシの見解をより正確に提示できるのではないかと考えている。同論争は1967年のグラムシ研究会議でのボッビオ報告にたいするテクシェの批判から始まったが、当時は『ノート』校訂版（1975）も未完で、依拠するテキストは「トリアッテイ版」と称される『グラムシ選集』（全6巻）であり、したがって両者の論争の文献的基盤は不正確なものであった（同『選集』は校訂版のような3種類の草稿の区別と関連はなされなかった）。また本文でも簡単に触れたが復刻版における「マルクスへの回帰」（マルクス文献の翻訳パート）の意義をふまえれば両者の論争はより建設的なものになったであろうと考える（ボッビオ論文については共訳『グラムシ思想の再検討』第2章、お茶の水書房、2000、を参照されたい）。

この間の筆者の研究は『ノート』復刻版および関連文献の検討に追われて「日暮れて道遠し」を痛感する日々であったが、グラムシに関心のある各分野の方々の激励と多様な教示のおかげで、グラムシ生誕130年の年に本書を上梓することができた。イタリア経済・社会史全般について数々の教示をいただいた尾上久雄先生も他界され、また市民社会論とグラムシとの関係について貴重な教示をいただいた平田清明先生、山口定先生も故人となられたが、重要な視点が含まれており、今後さらに掘り下げたいと考えている。また市民社会論との関係でアソシエーション論の重要性についても田畑稔、大谷禎之介両氏の著作から重要な教示を受けた。

グラムシ研究所（ローマ）や国際グラムシ学会（IGS）の研究会などで長年にわたって交流のあったJ・ブッティジジ氏（ノートルダム大学）も残念ながら他界された。彼は地中海のマルタ共和国出身で、グラムシの「サバルタン・ノート（第25ノート）」の重要性に早くから注目した優れた研究者の一人であった。慎んで御冥福をお祈りしたい。拙稿に対して度々有益なコメントを寄せていただいた伊藤晃、千葉眞、吉田傑俊、聴濤弘、田畑稔、堀雅晴、藤岡寛己、長野芳明（順不同）の諸氏に深く感謝します。またイタリアの研究動向や社会・政治状況について貴重な教示を受けた三宅俊夫氏（ヴェネツィア大学）、田中智子氏（ローマ大学、故人）、石田泰氏（トスカーナ日本人会、故人）にも深謝します。

グラムシの1年後に生まれ、グラムシが没する10年前に自死した芥川龍之介（1892－1927）は「危険思想とは常識を実行に移そうとする思想である」（『侏儒の言葉』）と述べているが、グラムシはかつてマキァヴェッリがそうであったように、「常識」の実現のみならず「常識」の変革をも志した思想家の一人であったといえよう。我が国の為政者には主権者たる国民の「常識」さえ無視する「愚民的国民観」が根強いのではと感じることが少なくないが、『広辞苑』ではこれについて「為政者が民衆を無知の状態に陥れてその批判力を奪おうとする政策」と述べている。また白川静『字統』（平凡社）によると、国民・民衆の「民」とは「目を刺している形」であり、「一眼を刺してその眼力を害し、失わせること」とある。人々の視力・判断力を奪うような愚民観を打破するための「知的改革」、「等価性の連鎖」（ムフ）、「他者のリスペクト」（中野晃一）に基づく「常識＝良識」の形成が求められる時代といえるのではないだろうか。グラムシの「未完の市民社会論」がそのような「常識＝良識」形成の一契機となることを心から期待したい。皆さんの率直な御意見、御批判をお願いします。

文末ながら、あけび書房の岡林信一代表には本書の企画・構想の段階から大変お世話になった。グラムシ研究者として社会に「何を発信するか?」という点について同氏から鋭い問いかけをたびたび頂いた。同氏の熱意に感謝したい。

『獄中ノート』復刻版に続きナショナル・エディション(国家版)の『獄中ノート』も刊行開始された(現在は第1巻のみ)。また『獄中からの手紙』の新版も出版された。文献・資料の充実を踏まえて「静止画像」的でもなく「単性生殖」的でもないグラムシ像の探究に微力を尽くしたいと考えています。

２０２１年　初冬の京都にて　著者

巻末資料

初出論文等一覧

第1章
「グラムシ『未完の市民社会論』についての覚書」季報『唯物論研究』第152号、同誌刊行会、2020年8月
第2章
グラムシ「『未完の市民社会論』についての覚書（再論）」同誌第156号、2021年8月
第3章
⑴「戦後『市民社会』思想と『方法としてのグラムシ』—平田清明の市民社会像によせて」拙著『グラムシ研究の新展開』第8章、御茶の水書房、2003, を改稿
⑵「山口定『市民社会論—歴史的遺産と新展開』（有斐閣、2004）および吉田傑俊『市民社会論—その理論と歴史』（大月書店、2005）について」拙著『グラムシ思想の探究—ヘゲモニー・陣地戦・サバルタン』第6章、新泉社、2007, を改稿
第4章
前掲『グラムシ思想の探究』第1章「ヘゲモニー論の形成と展開」、および『知識人とヘゲモニー

第5章
「知識人論ノート」注解』明石書店、2013,「補論」を改稿

前掲『知識人とヘゲモニー「知識人論ノート」注解』の「知識人論の構想と展開」（解題）を改稿

第6章
「『獄中ノート』初期草稿における「陣地戦」概念の形成過程についての覚書」『唯物論』89号、2015年11月、東京唯物論研究会、および「『獄中ノート』中期草稿における陣地戦論の展開についての一考察」『唯物論研究年誌』第21号、唯物論研究協会、大月書店、2016,を再編、改稿

第7章
「A・グラムシの『受動的革命』概念の諸相」『立命館産業社会論集』48巻1号、2012年6月を改稿

第8章
『歴史の周辺にて「サバルタンノート」注解』明石書店、「解題」、および「ロンブローソの『犯罪者研究』と千年王国運動」『福音と世界』2021年7月号、新教出版社、を再編、改稿。

第9章
「ムフの『左派ポピュリズム論』についての若干の感想」季報『唯物論研究』第147号、

２０１９年５月、に加筆。

参照文献一覧

イタリア近代史・サバルタン関係

北原敦・編　2008『イタリア史』山川出版社

北村暁夫・小谷眞男・編　2010『イタリア国民国家の形成』日本経済評論社

北村暁夫・伊藤武・編著　2012『近代イタリアの歴史』ミネルヴァ書房

S・J・ウルフ　2001『イタリア史　１７００‐１８６０』鈴木邦夫・訳　法政大学出版局

横山隆作　2001『イタリア労働運動の生成１８９２‐１９１１）』学文社

S・コラリーツィ　2010『イタリア20世紀史』村上信一郎（監訳）・橋本勝雄・訳　名古屋大学出版会

ポール・ギショネ　2013『イタリアの統一』幸田礼雅訳　白水社

E・J・ホブズボーム　1989『素朴な反逆者たち』水田洋・安川悦子・堀田誠三・訳　社会思想社

S・J・グールド　1989『人間の測りまちがい――差別の科学史』鈴木善次・森脇靖子・共訳

河出書房新社
P・ダルモン　1992『医者と殺人者』鈴木秀次・訳　新評論
W・G・サムナー　1975『フォークウエイズ』青柳清孝・訳　青木書店
T・W・アドルノ　1995『権威主義的パーソナリティ』田中義久・矢沢修次郎・小林修一・共訳　青木書店
藤沢房俊　1992『匪賊の反乱―イタリア統一と南部イタリア』太陽出版
同　2016『ガリバルディ―イタリア建国の英雄』中央公論社
P・S・ラビーニ　1977『揺れる中産階級―現代イタリアの階級分析』尾上久雄・訳　日本経済新聞社
松本佐保　2013『バチカン近現代史』中央公論社
中谷陽二　2020『危険な人間の系譜―差別と排除の思想』弘文堂

市民社会論・アソシエーション論
平田清明　1988「市民社会論の現在」『市民社会論の旋回』平田清明・山田鋭夫・八木紀一郎・編、昭和堂
同　1993『市民社会とレギュラシオン』岩波書店
同　1994『現代市民社会と企業国家』御茶の水書房

篠原一　2004『市民の政治学―討議デモクラシーとは何か』岩波書店
山口定　2004『市民社会論―歴史的遺産と新展開』有斐閣
吉田傑俊　2005『市民社会論―その理論と歴史』大月書店
大谷禎之介　2011『マルクスのアソシエーション』桜井書店
同　2017「『資本論』とアソシエーション」、『季刊・経済理論』第53巻第4号　桜井書店
田畑稔　2015『マルクスとアソシエーション　マルクス再読の試み』増補新版　新泉社

マルクス主義・コミンテルン関係

マルクス　1968『資本論』第1巻第1分冊　全集刊行委員会・訳　大月書店
マルクス　1970『フランスにおける内乱』村田陽一・訳　大月書店
同　2000『ゴータ綱領批判／エルフルト綱領批判』後藤洋・訳　新日本出版社
同　2001『「経済学批判」への序言・序説』宮川彰・訳
スターリン　1952『スターリン全集』⑥、全集刊行会・訳　大月書店
同　1952『レーニン主義の諸問題』田中順二・訳　大月書店
レーニン　1954『レーニン全集』⑤　マルクス・レーニン主義研究所・訳　大月書店
ブハーリン　1974『史的唯物論』佐野勝隆・石川晃弘・共訳　青木書店
A・ラーリナ　1991/1992『夫ブハーリンの思い出』（上・下）和田あき子訳　岩波書店

トロツキー　2008『永続革命論』森田成也・訳　光文社
K・マグダーマット／J・アグニュー　1998『コミンテルン史』荻原直・訳　大月書店
『コミンテルン資料集』⑤　1982　村田陽一・編訳　大月書店
大藪龍介　2013『国家とは何か　議会制民主主義国家本質論綱要』御茶の水書房

グラムシ・ムフ関係
クラウゼヴィッツ　1968『戦争論』（中）篠田英雄・訳　第6篇・第12章　岩波書店
Gramsci　1971　La costruzione dell partito comunista 1923-26, pp.144-146, Einaudi
V・Cuoco　1999　Saggio storico sulla Rivoluzione di Napoli, Rizzoli Editore
ビュシ＝グリュックスマン　1983『グラムシと国家』大津真作・訳　合同出版
A・ナトーリ　1995『アンティゴネと囚われ人』上杉聡彦・訳　御茶の水書房
E・W・サイード　1998『知識人とは何か』大橋洋一・訳　平凡社
不破哲三　1994『史的唯物論研究』新日本出版社
同　2000『レーニンと資本論』⑤　新日本出版社
N・ボッビオ　2000『グラムシ思想の再検討』小原耕一・松田博・黒沢惟昭・共訳　御茶の水書房
A・レプレ　2000『囚われ人　アントニオ・グラムシ』小原耕一・森川辰文・共訳　青土社

佐藤卓己　2006『メディア社会―現代を読み解く視点』岩波書店
前田健太郎　2019『女性のいない民主主義』岩波書店
A・グラムシ　2006『ノート22　アメリカニズムとフォーディズム』東京グラムシ会「獄中ノート研究会」訳　同時代社
ソレル　2007『暴力論』（上・下）今村仁司・塚原史・共訳　岩波書店
C・ムフ　2008『政治的なものについて』坂井隆史・監訳　明石書店
C・ムフ／E・ラクラウ　2012『民主主義の革命』西永亮・千葉眞・共訳　筑摩書房
C・ムフ　2019『左派ポピュリズムのために』山本圭・塩田潤・共訳　明石書店
S・レビッキー／D・ジブラット　2018『民主主義の死に方―二極化する政治が招く独裁への道』濱野大道・訳　新潮社
G・Liguori　2012 Gramsci conteso,1922-2012, Editori Riuniti
G・Vacca　2012 Vita e pensieri di Antonio Gramsci, Einaudi
G・Vacca 2017 Modernita' alternative, Einaudi
F・Frosini e F・Giasi (a cura di)　2019 Egemonia e modernitá, V iella
松田博　2003『グラムシ研究の新展開』お茶の水書房
同　2007『グラムシ思想の探究―ヘゲモニー・陣地戦・サバルタン』新泉社
同　2011『歴史の周辺にて「サバルタンノート」注解』明石書店

同　2013『知識人とヘゲモニー「知識人論ノート」注解』明石書店

グラムシ略年譜

1891　1月22日、サルデーニア島アーレスに忌まれる。同年はリソルジメントによる国家統一30周年の年であった。
1903　同島のギラルツァで初等教育を終了。登記所で働くために学業中断。
1905　学業再開、後期中等学校に通う。
1908　同島のカリャリの高等学校に入学。労働会議所（労働組合の地域組織）に出入りする。
1911　奨学金を得てトリノ大学文学部に入学。
1913　社会党トリノ支部の活動に参加。同党への入党も同年末と推定される。
1914　労働運動に参加。10月『グリード・デル・ポポロ（人民の叫び）』に署名論文「積極的・能動的中立」を発表し、戦争に対する社会党の方針に関する論争に参加。
1915　イタリアは第一次大戦に協商国の一員として参戦。グラムシは社会党機関紙『アヴァンティ（前進）』トリノ編集部員として演劇と文化についての論評などを執筆。
1916　グラムシは同紙記者として演劇、文化分野の評論を執筆。労働者サークルや文化サークルにも参加。

1917　ロシア10月革命勃発。『チッタ・フトゥーラ（未来都市）』臨時特別号を編集。『グリード・デル・ポポロ（人民の叫び）』で国際情勢について論評。『アヴァンティ』ミラノ版に論文「『資本論』に反する革命」を発表（12月24日号）。
1918　『グリード・デル・ポポロ』にロシア革命論などの論文を発表。『アヴァンティ』トリノ版創刊に伴い編集員となる。同紙は労働運動・社会主義運動の高揚に伴い発行部数1万6000部から5万部へと急速に発展。
1919　グラムシは週刊『オルディネ・ヌオーヴォ（新秩序）』編集部書記となり、論文「労働者民主主義」を発表し「工場内部委員会」の意義について問題提起。国政選挙で社会党が第1党となる。モスクワで第3インターナショナル（コミンテルン）結成。イタリア社会党はボローニア大会でコミンテルン加盟を決定。
1920　『オルディネ・ヌオーヴォ』は工場評議会運動を支援。グラムシ工場占拠運動に参加。
1921　同紙は日刊紙となる。グラムシは社会党大会に参加し、同党左派の一員として共産党創設者の一人となる。コミンテルン第3回大会で「労働者統一戦線」方針を決定。
1922　モスクワでコミンテルン拡大執行委員会に参加。病気のため療養所に収容され、のちに妻となるジュリア・シュフトと知り合う。コミンテルン第4回大会。ムッソリーニ「ローマ進軍」により政権につく。スターリン党書記長に選出。
1924　レーニン死去。イタリア総選挙でファシスト党が勝利。総選挙でグラムシは下院議員に当選しイタリアに帰国。

1926　イタリア共産党リヨン大会で、グラムシのテーゼ（リヨン・テーゼ）支持がボルディーガ派に圧勝し、多数派となる。10月「南部問題」論文執筆（未完）。11月国会議員として不逮捕特権があるにもかかわらずファシズム当局に逮捕される。

1927　獄中での研究計画を作成。のちの『獄中ノート』の最初のプラン（後掲資料参照）。

1928　禁固20年の判決を受け、南部バーリのトゥーリ監獄に移送。コミンテルン第6回大会。同「左転換」にグラムシは不同意。

1929　執筆許可を得て『獄中ノート』執筆開始。全33冊（「翻訳ノート」4冊を含む）に及ぶものとなった（後掲資料参照）。世界恐慌勃発。ソ連においてスターリン独裁体制の強化によってブハーリンはじめ反対派が排除される。

1930　スターリンの「社会ファシズム論」批判を表明し、スターリン派の政治囚から迫害を受ける。獄中討論を中止。グラムシは「民主主義的過渡期」における立憲主義再建のための「憲法制定議会」を一部の政治囚に伝える。これ以降『ノート』執筆に集中する。

1931　グラムシの健康状態悪化。「第8ノート・プラン」作成（後掲資料参照）。

1932　イタリアとソ連の囚人交換を期待するが実現せず。刑期が12年に減刑。恩赦請求の提出を拒否する。

1933　重大な発作のためナポリ近郊のフォルミアの医院に移送。

1934　ロマン・ローランなどによるグラムシ釈放運動。「サバルタン・ノート」執筆。

1935　ローマの医院に移送。弟カルロや親友の経済学者スラッファと面会。コミンテルン第7回大会において「反ファシズム人民戦線」方針を採択。

1936　(仏)人民戦線政府成立、(西)スペイン内戦勃発。モスクワ裁判においてジノヴィーエフ、カーメネフなど16名に死刑判決。

1937　釈放直後に脳溢血のため急逝(4月27日)。義姉タチアナはグラムシの遺稿、遺品をローマのソ連大使館を通じて外交便としてモスクワの妻ジュリアに移送。ジュリアや姉エウゲニアはグラムシの遺稿、遺品の整理、保全とともに、遺稿の出版について関係者と協議開始。「ファシズムに反対する闘争がなおも進行中で、イタリアがまだ完全には解放されていなかったとき、グラムシの未完の著作の最初の近刊予告が現われる」(『ノート』校訂版、第1巻、編者序文、大月版)。『獄中からの手紙』(初版、1947)、『獄中ノート』(問題別選集、1948-1951)が出版される(『獄中ノート』校訂版①および『手紙』④の「年譜」より作成)。

『獄中ノート』執筆プラン

1 「第1ノート・プラン」(Q1プラン)

主要論題

(1) 歴史と歴史叙述の理論

(2) 1870年までのイタリア・ブルジョアジーの発展。

(3) イタリア知識人諸グループの形成、展開、態度。

(4) 「付録小説」の民衆文学とその持続的人気の理由。

(5) カヴァルカンティ。『神曲』の構造と技巧における彼の位置。

(6) イタリアとヨーロッパにおけるカトリック行動の起源と展開。

(7) 民間伝承の概念。

(8) 獄中生活の経験。

(9) 「南部問題」と島嶼部問題。

(10) イタリアの人口についての考察。その構成、移民の機能。

(11) アメリカニズムとフォーディズム

(12) イタリアにおける言語問題。マンゾーニとアスコリ

⒀「常識」
⒁標準型雑誌。理論的・批評的・歴史的・一般文化的（普及的）。
⒂新文学派と新言語学派
⒃ブレッシャーニ神父の末流。（『ノート』校訂版、大月①、pp.83-84 参照）。

2 「第8ノート・プラン」（Q8プラン）

「イタリア知識人の歴史のための断片的覚書とメモ」（抜粋）
主要な試論。一般的序論。1870年までのイタリア知識人の発展、様々な段階。
――民間伝承と常識。宗教改革とルネサンス。マキァヴェッリ。イタリア文化におけるクローチェの位置。リソルジメントと行動党。イタリアにおける文化の人民的・民族的性格の欠如に対する反動、未来主義者。イタリア知識人の性格の一つとしての「ロリア主義」。イタリアのリソルジメントにおける「ジャコバン主義」の欠如。
付論　アメリカニズムとフォーディズム。

3 『獄中からの手紙』より

(a) 1927年3月19日（タチアナ宛）
①前世紀のイタリアにおける公的精神の形成についての研究。言い換えれば、イタリア知識人、

その起源、その文化潮流による諸集団、そのいろいろな思考様式についての研究。②比較言語学の研究。③ピランデッロの戯曲の研究。④付録小説と、文学における民衆的好尚についての試論。よく観察する者にとっては、実はこの4つの論題の間にはある等質性が存在しています。これらの論題の基礎に創造的な民衆的精神がその発展のいろいろな段階と程度において存在するのです（一部省略、大月版『手紙』①、pp.72-73）。

(b) 1929年3月25日（タチアナ宛）

主として、次の3つの論題に取り組み、ノートをとることに決めました。①19世紀のイタリアの歴史、とくに知識人諸グループの形成と展開。②歴史と歴史叙述の理論。③アメリカニズムとフォーディズム（前掲『手紙』②、p.29）。

(c) 1930年11月17日（タチアナ宛）

私は三つないし四つの主要な論題を選びましたが、その一つは、イタリア知識人が700年代までもっていた世界主義的機能という論題で、この論題は後で多くの論題に分かれます。すなわちルネサンスとマキアヴェッリ、等々がそれです。必要な資料を参照する可能性が私にあれば、ほんとうに興味深い、まだ存在したことのない本が書けるだろうと思います。（中略）この問題は時代ごとに異なった現れ方をしているし、私の見るところ、ローマ帝国時代までさかのぼる必要があるだろうと思うからです（前掲『手紙』②、p.137）。

『獄中ノート』一覧

①1929－30　雑録　冒頭に「第1ノート・プラン」
②1929－33　雑録
③1930　雑録
④1930－32　「哲学についての覚書Ⅰ」他
⑤1930－32　雑録
⑥1930－32　雑録
⑦1930－31　「マルクス文献翻訳」、「哲学についての覚書Ⅱ」
⑧1930－32　「第8ノート・プラン」、「哲学についての覚書Ⅲ」
⑨1932　雑録・イタリア・リソルジメントに関する覚書
⑩1932－35　B・クローチェの哲学
⑪1932－33　哲学研究入門「〈ブハーリン・ノート〉が含まれる〉
⑫1932　知識人の歴史に関する覚書（通称『知識人論ノート』）

⑬ 1932-34 マキァヴェッリ政治科学に関する覚書
⑭ 1932-35 雑録
⑮ 1933 雑録
⑯ 1933-34 文化の諸論題Ⅰ
⑰ 1933-35 雑録
⑱ 1934 マキアヴェッリⅡ
⑲ 1934-35 イタリア・リソルジメント
⑳ 1934-35 カトリック・アクション、イエズス会他
㉑ 1934-35 イタリア国民文化の諸問題Ⅰ、民衆文学
㉒ 1934 アメリカニズムとフォーディズム
㉓ 1934 文芸批評
㉔ 1934 ジャーナリズム
㉕ 1934 歴史の周辺 サバルタン集団の歴史
㉖ 1935 文化の諸論題Ⅱ
㉗ 1935 フォークロア（民間伝承）に関する考察
㉘ 1935 ロリア主義
㉙ 1935 文法研究入門のための覚略記

著者略歴

松田博（まつだ　ひろし）

1942 年生まれ
現職　立命館大学名誉教授　国際グラムシ学会（IGS）会員　（財）グラムシ研究所（ローマ）研究委員会委員

主要著訳書
『グラムシ研究の新展開』御茶の水書房
『グラムシ思想の探究―ヘゲモニー・陣地戦・サバルタン』新泉社
『歴史の周辺にて　「サバルタンノート」注解』明石書店
『知識人とヘゲモニー　「知識人論ノート」注解』明石書店
N・ボッビオ『グラムシ思想の再検討』共訳（小原耕一・松田博・黒沢惟昭）、御茶の水書房グラムシ「未完の市民社会論」の探究 —『獄中ノート』と現代—

2021年12月8日　第1刷発行 ©

著　者　松田　博
発行者　岡林信一
発行所　あけび書房株式会社
〒120-0015　東京都足立区足立1-10-9-703
☎ 03. 5888. 4142　FAX 03. 5888. 4448
info@akebishobo.com　https://akebishobo.com
印刷・製本／モリモト印刷

ISBN　978-4-87154-201-2　C3031　￥1600E